Schluss mit 08/15-Websites – so bringen Sie Ihr Online-Marketing auf Erfolgskurs

Bastian Sens

Schluss mit 08/15-Websites – so bringen Sie Ihr Online-Marketing auf Erfolgskurs

79 Tipps für Ihren Online-Auftritt

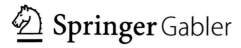

Bastian Sens
Sensational Marketing
Leverkusen, Nordrhein-Westfalen
Deutschland

ISBN 978-3-658-16495-9   ISBN 978-3-658-16496-6   (eBook)
DOI 10.1007/978-3-658-16496-6

Die Deutsche Nationalbibliothek verzeichnet diese Publikation in der Deutschen Nationalbibliografie; detaillierte bibliografische Daten sind im Internet über http://dnb.d-nb.de abrufbar.

Springer Gabler

Gedruckt auf säurefreiem und chlorfrei gebleichtem Papier

Springer Gabler ist Teil von Springer Nature
Die eingetragene Gesellschaft ist Springer Fachmedien Wiesbaden GmbH
Die Anschrift der Gesellschaft ist: Abraham-Lincoln-Str. 46, 65189 Wiesbaden, Germany

Stimmen zum Buch

Die Hirnforschung zeigt: Nur Emotionen schaffen im (Kunden-)Gehirn Wert und Bedeutung. Doch wie setzt man diese Erkenntnisse konsequent ins Online-Marketing und bei der Gestaltung seiner Website um? Inzwischen gibt es eine Reihe von Büchern, die sich mit einzelnen Aspekten der emotionalen Website-Gestaltung beschäftigen. Es gibt aber kein Buch, das konsequent alle Erfolg versprechenden Optimierungsmöglichkeiten praxisnah und leicht lesbar aufzeigt. Mit dem vorliegenden Buch von Bastian Sens wird diese Lücke geschlossen. Ich selbst habe es mit großem Erkenntnisgewinn gelesen – ich bin sicher, dass Sie liebe Leserin und lieber Leser, die gleiche Freude wie ich daran haben werden.

Dr. Hans-Georg Häusel
Hirnforscher und Neuromarketing-Experte

Die Website eines Unternehmens sollte heute mehr sein als eine digitale Visiten-
karte, die der Vermittlung von Informationen dient: Bestenfalls erwacht auf einer
Website die eigene Marke zum Leben. Informationen und Emotionen spielen
zusammen. Interaktion entsteht. Die Köpfe, die Bäuche und die Herzen der Besucher werden aktiviert. Alles verschmilzt zu einer ganzheitlichen User Experience.
Es bleibt: ein Gefühl von Zufriedenheit, das Besucher nachhaltig mit der Marke
verbinden. Wer eine Website gestaltet, gestaltet ebendieses Gefühl. Deswegen
empfiehlt es sich, von allzu aufdringlichen Ich-Botschaften abzusehen – und stattdessen konsequent die Bedürfnisse und Interessen potenzieller Kunden in den
Fokus zu rücken – dies tut Bastian Sens mit seinem Buch in anschaulicher Weise!

Prof. Dr. Hanns-Ferdinand Müller
Vorstand FORIS AG

Vorwort

„Prima, jetzt sind wir in Google ganz oben, bekommen aber trotzdem keine Neu-kunden über unsere Website." Diese Klage habe ich schon oft gehört, und aus ihr entstand die Idee für dieses Buch. Sie können es sich leicht machen und sagen: „Online-Marketing funktioniert in unserem Unternehmen nicht." Eine Lösung ist das aber nicht. Denn es ist nun einmal eine Tatsache, dass unsere Gesellschaft immer digitaler wird und sich immer rasanter wandelt. Für Unternehmer kann die Frage also nicht heißen: Soll ich Online-Marketing machen? Sie muss vielmehr lauten: „Wie kann ich meine Website so gestalten und nutzen, dass mein Unter-nehmen mit Online-Marketing dauerhaft erfolgreich ist?" Einige der vielen Mög-lichkeiten, um das zu erreichen, finden Sie in diesem Buch.

Die Verzweiflung wächst

Bis Ende 2015 wurden weltweit rund 271 Mio. Internetdomains registriert. Allein in Deutschland waren es 16 Mio. .de-Domains. Sämtliche Website-Betrei-ber wünschen sich, dass ihre Mühe anerkannt wird – in Form von interessierten Lesern, Käufern, Prominenz etc. Das Problem: Alle schreien nach Aufmerksam-keit und buhlen um den Nutzer: „Jetzt kaufen", „Jetzt informieren". Und der User denkt: „Jetzt bloß nicht den Überblick verlieren …" Als Nutzer, Leser und potenzielle Kunden fühlen wir uns dabei oft überfordert und nicht selten genervt. „Nein! Ich kaufe jetzt NICHT bei dir, auch wenn du mir noch ein weiteres Pop-up einblendest, sobald ich deine Website verlassen möchte." Die Emotionen kochen hoch – sicherlich auch auf Unternehmerseite, denn das Pop-up ist eine der letzten Verzweiflungstaten, um den Besucher daran zu hindern, die eigene Web-site zu verlassen und vielleicht zur Konkurrenz zu wandern. Online-Marketing soll es richten, aber die Kosten, so hat es jedenfalls den Anschein, steigen immer weiter, der Markt ist heiß umkämpft, eine digitale Innovation jagt die nächste, und ständig kommen neue Wettbewerber hinzu. Es scheint ein Wettlauf gegen Zeit und Technik zu sein, bei dem man stets befürchten muss, den Anschluss an die Spitzenreiter zu verlieren. Was tun?

Der Ausweg

„Marketing ist zum Kampf um die Aufmerksamkeit geworden, zum Wettstreit um den ‚Logenplatz' im Kopf des Kunden", schreibt der Unternehmer und Autor Hermann Wala in seinem Bestseller „Meine Marke" auf Seite 52. Was Unternehmen also heute mehr denn je brauchen, ist eine unverwechselbare Identität. Ein unternehmerisches Persönlichkeitsprofil, das sich selbst trägt und zu dem alle Maßnahmen – ob im Online-Marketing, in der Öffentlichkeitsarbeit oder im Umgang mit Kunden und Geschäftspartnern – übereinstimmend beitragen. Ein positiv besetztes Unternehmensbild, das haften bleibt, schlüssig ist und Ihnen dazu verhilft, Ihre Produkte und Dienstleistungen unaufdringlich, dafür aber mit Sinn und Nutzen an Ihre Kunden zu bringen.

Ohne Anspruch auf Vollständigkeit habe ich in diesem Buch 79 Tipps für Ihr Online-Marketing zusammengetragen. Es handelt sich um praktische Tools, die Sie immer wieder nachlesen und anwenden können, und die Ihnen helfen sollen,

- aus Website-Besuchern mehr Neukunden zu generieren,
- Kunden emotional an Ihr Unternehmen zu binden,
- Sicherheit bei der Auswahl Ihrer Online-Marketing-Maßnahmen zu gewinnen und
- ein effektiveres Online-Marketing auf und durch Ihre Website zu betreiben.

Suchen Sie sich die für Sie interessanten und passenden Tipps heraus. Geben Sie aber auch einmal den eher „unkonventionell" erscheinenden Methoden eine Chance und testen Sie deren Wirkung. In diesem Buch lernen Sie, wie Sie schnell und einfach solche Tests durchführen können.

Ich wünsche Ihnen viel Spaß beim Lesen und vor allem Mut und Energie bei der Umsetzung.

Ihr
Bastian Sens

P.S.: Auf meiner Website bastiansens.de erhalten Sie weitere erfolgreiche Praxisbeispiele und E-Books, die Ihnen für Ihre Website-Optimierung hilfreich sind.

Inhaltsverzeichnis

Über den Autor

Mein Name ist Bastian Sens und bin in einer „Getränkefamilie" groß geworden: Meine Großeltern, Eltern und Tanten hatten alle jeweils einen Getränkeladen. Während meines Studiums und meiner Diplomarbeit zum Thema Suchmaschinenoptimierung habe ich die entsprechende Website erstellt und für Google optimiert. Doch obwohl wir stets auf der ersten Position in Google standen, fehlten letztlich die Kunden, und alle Getränkeläden mussten mit der Zeit schließen. Diese Erfahrung hat mich nachhaltig geprägt und verfolgt mich bis heute: Seit 2010 bin ich mit Sensational Marketing selbstständig. Meine sieben Mitarbeiter und ich sorgen dafür, dass unsere Kunden, wie zum Beispiel n-tv, 11Freunde und weitere mittelständische Unternehmen, in Google gut gefunden werden. Ich gebe Seminare, führe Workshops durch und leite das Unternehmen auf strategischer Ebene.

Mit der Zeit erkenne ich immer mehr das Problem meiner Kunden: Der Konkurrenzdruck wird stärker, die Zeit der Unternehmer und Mitarbeiter knapper, der „Urwald" möglicher Werbemaßnahmen im Web undurchsichtiger. Die kleinen und mittelständischen Unternehmen benötigen handfeste Ratgeber, wie sie ihre eigene Identität ins Internet transportieren können, um sich von der Konkurrenz abzuheben. Auf diese (vermeintlich) einfache Formel gebracht, sind alle Tipps folgerichtig auf ein Ziel ausgerichtet: Dass Unternehmen mehr Neukunden über die eigene Website gewinnen.

Bastian Sens
Sensational Marketing

Geben Sie Ihrer Website einen Charakter

Tipp 1: Verwenden Sie keine lizenzfreien Bilder

Kennen Sie diese Bilderrahmen, die schon Fotos enthalten, wenn man sie kauft? So einen sah ich neulich im Büro eines Netzwerkkollegen. Ein dreifacher Bilderrahmen mit Aufnahmen vom Meer und vom Gebirge. Platzhalter für eigene Fotos. Woher ich wusste, dass es Standardbilder waren? Ganz einfach: Ich habe auch so einen, habe aber die darin befindlichen Bilder durch Fotos von mir und meinem eigenen Urlaub ersetzt. Ich muss gestehen, dass ich ziemlich überrascht war. Sofort drängte sich ein Gedanke auf: Die vielen lizenzfreien Bilder, die man im Web findet, sind genau das: Platzhalter. Für unsere eigenen Bilder. Und damit nichts, womit wir unserem Auftreten nach außen auch nur einen Hauch von Individualität geben. Der Fotoapparat wurde vor über 170 Jahren erfunden, eine wahrlich fantastische Erfindung. Denn jetzt konnte man plötzlich Momente und Erlebnisse festhalten und sie der Familie und Freunden zeigen oder sie immer wieder ansehen und sich erinnern. Die Fotografien spiegelten die Realität wider. Zeitsprung: Vor etwas mehr als zehn Jahren kamen lizenzfreie Bilder auf und wurden durch große Portale wie Fotolia oder Pixelio verbreitet. Das begeisterte die Website-Betreiber: Endlich mussten sie keine teuren Fotografen mehr engagieren, sondern nur noch fünf Euro für ein Standardbild investieren, und schon war die Seite aufgepeppt.

Das Web wurde mehr und mehr mit „Stockfotos" übersät und damit immer unpersönlicher und langweiliger. Denn: Wir alle erkennen solche Standardbilder inzwischen auf Anhieb, wenn wir sie auf Unternehmenswebsites sehen – die

© Springer Fachmedien Wiesbaden GmbH 2017
B. Sens, *Schluss mit 08/15-Websites – so bringen Sie Ihr Online-Marketing auf Erfolgskurs*, DOI 10.1007/978-3-658-16496-6_1

Abb. 1 Website-Grafik der Albrecht Bäumer GmbH & Co. KG. (Quelle: Albrecht Bäumer GmbH & Co. KG o. J.)

Geschäftsleute, die sich die Hand schütteln, die Frau aus dem Call Center, die Kollegen, die um den Computerbildschirm stehen etc. Und was machen viele Website-Betreiber? Sie verwenden sie trotzdem, meistens ohne darauf zu achten, ob auch andere Betreiber diese Fotos einsetzen. Bedenken Sie aber: Lizenzfreie Stockfotos zeigen nicht die Realität. Sie haben rein gar nichts mit Ihrem Unternehmen zu tun und sind – so hart es klingt – nichts anderes als eine Täuschung. Für potenzielle Kunden spiegeln Sie damit eine „Realität" wieder, die gar keine ist. Glauben Sie mir: Die „Ent-Täuschung" im wahrsten Sinne des Wortes lässt nicht lange auf sich warten.

Deshalb: Lassen Sie eigene Bilder für Ihre Website produzieren
Verstehen Sie mich nicht falsch. Natürlich ist es sinnvoll, Sie und die in Ihrem Unternehmen tätigen Menschen in Arbeitssituationen zu zeigen. Aber es sollten echte Situationen in Ihrem echten Unternehmen mit den echten Menschen sein, die man bei Ihnen antrifft. Engagieren Sie einen professionellen Fotografen, der weiß, worauf es ankommt, und der Sie – und falls vorhanden auch Ihr Team – buchstäblich ins rechte Licht rückt. So wie in dem Beispiel von dem Schaumstoffschneidemaschinen-Hersteller Albrecht Bäumer GmbH & Co. KG auf Baeumer.com in Abb. 1.

Tipp 2: Individualisieren Sie Ihre 404-Fehlerseite

Fehler können passieren, und das gilt auch und vor allem für Websites, insbesondere dann, wenn sie regelmäßig mit neuen Inhalten bestückt und aktualisiert werden (was die Regel sein sollte). Solche Fehler werden auf Websites üblicherweise mit der Meldung „404 Fehler – Seite nicht gefunden" oder „Die von Ihnen angeforderte Seite existiert nicht" angezeigt. Nicht selten führt das zu Frust beim Website-Besucher.

Website-Besucher trotz Fehlermeldung halten und führen

Um die Website-Besucher dennoch auf Ihrer Seite zu halten, können Sie eine individuelle 404-Fehlerseite gestalten, auf der Sie zum Beispiel Links für weitere Informationen oder eine Kontaktmöglichkeit bereithalten. Auch eine ansprechende optische Gestaltung kann viel dazu beitragen, dass Besucher bei Ihnen bleiben. Geben Sie der Fehlermeldung also Ihre persönliche Note und führen Sie die Besucher zu alternativen Inhalten. Ein Hotel beispielsweise kann aktuelle Angebote auf der 404-Fehlerseite einfügen oder Seminaranbieter die kommenden Seminare anpreisen. Damit Sie solche Inhalte nicht selbst pflegen müssen, sollten Sie diese automatisch vom System aktualisieren lassen.

Eine ansprechende und individuelle 404-Fehlerseite hat der Möbel-Versandhändler Home24 erstellt (siehe Abb. 2). Probieren Sie es aus und geben Sie im Browser: home24.de/fehler ein.

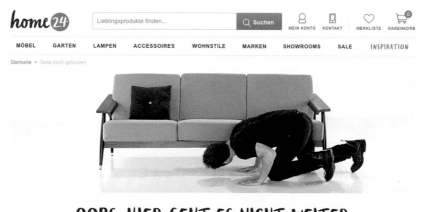

Abb. 2 Personalisierte 404-Fehlerseite von home24.de. (Quelle: Home24 AG o. J.)

Tipp 3: Drehen Sie Firmenvideos mit Emotionen

Bilder sagen mehr als tausend Worte. Videos sagen mehr als tausend Bilder. So einfach ist das. Oder etwa nicht? 2010 habe ich mein erstes Video von einer professionellen Produktionsagentur drehen lassen. Das Ergebnis war ernüchternd: Ich stand nervös vor der Kamera und äußerte Standardtexte, die mit „Wir können", „Wir sind" und „Wir bieten" begannen. Emotionen? Fehlanzeige. Total langweilig. Wer will sich das ansehen?

Machen Sie es besser
Videos sind wichtig für eine emotionale Ansprache der potenziellen Kunden. Man will Ihr Lachen sehen, Ihre Stimme hören, vielleicht auch Ihre Maschinen in Aktion erleben. Wichtig ist nur, dass Emotionen transportiert werden, und diese werden letztlich durch Menschen transportiert. Durch Sie. Durch Ihre Mitarbeiter. Wir kontaktieren oder beauftragen fremde Unternehmen in erster Linie dann, wenn sie uns sympathisch sind. Wenn sie uns dann auch noch inhaltlich überzeugen, kann nicht mehr viel schiefgehen. Sicherlich ist das eine simplifizierte Erklärung, doch stimmt sie im Kern. Darauf, wie Kaufentscheidungen bei Menschen genau funktionieren, gehen wir in Tipp 48 noch einmal näher ein.

Ein gutes Beispiel für den professionellen Einsatz von Videos ist die Krones AG mit ihrem Film zur Zeugnisverleihung der Auszubildenden des Unternehmens. Sehen Sie es sich einmal an, es ist professionell hergestellt, vor allem aber emotional, nah am Menschen und macht das Unternehmen sehr sympathisch. Das Video finden Sie unter diesem Link: http://bastiansens.de/outkrones (siehe auch Abb. 3).

Abb. 3 Persönliches Video der Auszubildenden der Krones AG. (Quelle: Krones AG 2012)

Lassen Sie sich inspirieren, und sprechen Sie mit einer professionellen Film-produktionsfirma. Entwickeln Sie ein Video, das Ihren Charakter bzw. Ihre Unternehmenskultur wiedergibt. Heben Sie sich in dem Video unbedingt von Ihrer Konkurrenz ab, und werden Sie emotional – denn dann bleiben Sie in den Köpfen Ihrer Zielgruppe.

Tipp 4: Erzählen Sie Ihre Gründungsgeschichte

„Menschen kaufen nicht, was du tust. Sie kaufen, WARUM du es tust", schreibt Simon Sinek (2014, S. 43).

Geschichten wurden schon vor 3000 Jahren erzählt, und sie sind heute immer noch höchst effektiv. Denn erst durch Geschichten werden Texte erlebbar, wir stellen uns das Geschriebene oder Gesprochene bildlich vor und verbinden es mit Gefühlen und Stimmungen. Verkaufen und Emotionen – das ist ein Thema, zu dem es viele Erkenntnisse gibt. Fakt ist: Sobald Emotionen ins Spiel kommen, nehmen wir Dinge besser wahr und können uns auch besser an sie erinnern. Kein Wunder also, dass seit einigen Jahren das Thema „Storytelling" im Online-Marketing eine dominante Position eingenommen hat – viele Agenturen und Bücher haben das Storytelling aufgegriffen und propagiert. Ein Glück, denn dadurch sind zahlreiche Websites wesentlich lebendiger und viele Firmen erfolgreicher geworden.

Die Geschichte Ihrer Unternehmensgründung

„Jetzt mal langsam – wen soll das denn bitte interessieren? Unsere Gründungs-geschichte ist doch nichts Besonderes." Das höre ich bei meinen Kunden immer wieder. Ich sage: „Doch, das ist sie. Jede Gründungsgeschichte ist etwas Beson-deres." Und wenn man sie zu erzählen versteht, dann wird sie auch gelesen. Sto-rytelling ist aber eines nicht: eine langweilige Aufzählung der Firmenhistorie. Sie wissen schon: Gegründet – 1899; Fusion mit Firma XY im Jahr 1956; Erweite-rung der Geschäftstätigkeit zur Jahrtausendwende ... Gähn! Das interessiert wirklich niemanden. Trotzdem würden wir gerne eine kleine Geschichte über das Unternehmen erfahren, die wir im persönlichen Gespräch erzählen können. Gerade mit einer gut erzählten Geschichte differenzieren Sie sich klar von Ihren Wettbewerbern. Ich ermutige Sie deshalb, Ihre eigene Geschichte zu schreiben oder, wenn Sie sich das nicht zutrauen, sie schreiben zu lassen. An diesen fünf Bausteinen können Sie sich in Ihrer Geschichte orientieren (Sammer 2014):

- Warum gibt es Ihr Unternehmen? Was sind Ihre Motive? (Erzählen Sie die Geschichte aus Kundensicht, nicht aus Ihrer).
- Wer ist der Held? (Nicht Sie, sondern Ihr Kunde).

- Was war das Problem, das es zu lösen galt?
- Beschreiben Sie die Situation emotional, weniger mit Fakten und Daten.
- Verfassen Sie die Geschichte so, dass man sie mündlich weitererzählen kann.

Ein gutes Beispiel für eine Gründungsgeschichte ist die von Moleskine®:

> In seinem Buch Traumpfade erzählt Chatwin uns die Geschichte des kleinen, schwarzen Buches: 1986 lässt der Hersteller, ein Familienunternehmen aus Tours, die Rolläden herunter. ,Le vrai moleskine n'est plus', habe ihm die Besitzerin der Papierwarenhandlung in der Rue de l'Ancienne Comédie, wo er gewöhnlich einkaufte, theatralisch verkündet. Chatwin kaufte alle Notizbücher die er finden konnte bevor er nach Australien aufbrach, doch es waren nicht genug (Moleskine o. J.).

Wenn Sie jetzt neugierig geworden, sind, wie es weitergeht – und so erging es mir, als ich anfing, die Geschichte zu lesen – dann ist etwas Wichtiges gelungen: Ihr Interesse ist geweckt, und zwar nicht in erster Linie für das Produkt, sondern für das Unternehmen, für seine Geschichte, für die „Story", die hinter einem so simplen Produkt wie einem Notizbuch steckt. Das ist großartig, denn so beginnt die Identifikation – mit Ihnen und Ihrem Angebot.

Machen Sie es ebenso. Sie brauchen nichts zu erfinden, denn Ihre Geschichte ist ja schon da. Sie müssen Sie nur gut und spannend erzählen. Wenn Sie sich das selbst nicht zutrauen, dann holen Sie sich Hilfe und lassen Sie Ihre Geschichte von einem Profi erzählen. Wenn es soweit ist, dann erstellen Sie zu Ihrer Gründungsgeschichte eine separate Unterseite. Diese könnten Sie gut in der Navigationsleiste im Menüpunkt „Über uns" einbringen.

Tipp 5: Nutzen Sie eigene Texte

Texte von einer Agentur schreiben zu lassen, erscheint vielen Unternehmen zu kostspielig. „Was? Geld für Text ausgeben? Das können wir doch selbst. Außerdem muss man doch das Rad nicht neu erfinden." Vorsicht! Auch wenn viele Unternehmer sich verleiten lassen, Texte von Wettbewerbern zu kopieren oder zumindest ihre Ideen „abzukupfern", rate ich Ihnen dringend, das nie zu tun. Erstens gehört es sich nicht, zweitens können Sie damit erhebliche rechtliche Probleme bekommen (Stichwort Urheberrecht) und drittens haben Interessenten dann keine Chance, den Unterschied zu Ihrem Wettbewerber herauszufinden. Vor der gleichen Herausforderung steht auch Google: Die Suchmaschine ist im Kern zu nichts anderem da, als Ihrem Kunden das beste Suchergebnis zu liefern. Die Folge ist, dass Google möglichst wenige doppelte Einträge in den Suchergebnissen aufführt und somit Webseiten mit so genanntem „Duplicate Content", also gleichem Inhalt auf verschiedenen Websites, in den Suchergebnissen ausblendet. Ihre Texte müssen sich deshalb mindestens zu 70 % von denen Ihrer Wettbewerber unterscheiden.

Selbst schreiben statt kopieren
Ich empfehle Ihnen, Ihre eigenen Texte zu schreiben oder schreiben zu lassen. Bedenken Sie, dass sich ein von einem Profi geschriebener Text positiv auf Ihr Ranking bei Google und damit auf Ihren geschäftlichen Erfolg auswirken kann. Bringen Sie Ihre eigene „Note" ein mit folgenden beispielhaften Aspekten:

- Ihre individuelle Geschichte zu Produkt oder Dienstleistung
- Ihr Alleinstellungsmerkmal
- Kundenstimmen
- Auszeichnungen
- Regionaler Bezug

▶ **Extra-Tipp** Mithilfe von Online-Tools können Sie prüfen, ob intern oder extern doppelte Inhalte existieren:
  - Interner Duplicate-Content-Check: www.siteliner.com
  - Externer Duplicate-Content-Check: www.copyscape.com

Tipp 6: Beschreiben Sie Bewerbern die Vorteile einer Mitarbeit in Ihrem Unternehmen

Ich ermutige Sie zu einem Experiment: Lassen Sie von Ihren Mitarbeitern aufschreiben, was sie an ihrem Arbeitgeber (also an Ihnen und Ihrem Unternehmen) gut finden. Komische Idee? Mitnichten. Sie werden überrascht sein, was da alles zusammenkommt. Klar, es kann auch sein, dass Sie unangenehme Dinge erfahren, aber das sollten Sie dann als Chance für Veränderungen sehen. Gehen wir aber mal davon aus, dass Ihre Mitarbeiter 70 gute Sachen zusammentragen.

Wozu das alles? Ganz einfach: Ihre Mitarbeiter wissen am besten, was an Ihrem Unternehmen toll ist. Und genau das müssen Sie potenziellen Mitarbeitern, Bewerbern und Interessenten vermitteln. Beschreiben Sie auf Ihrer Website, warum man bei Ihnen arbeiten sollte. Denn, und das wissen Sie selbst schon gut genug, der Run auf die besten Köpfe hat längst begonnen. Vorbei die Zeiten, in denen Unternehmen sich aus zehn Guten die drei Besten aussuchen konnten. Heute gilt: Wer gute Mitarbeiter will, der muss schon etwas zu bieten haben – und dabei spreche ich nicht (nur) von Geld.

Viele Unternehmen gehen inzwischen ganz neue Wege, um die Aufmerksamkeit der Fachkräfte von morgen zu bekommen. Und Branchenexperten wissen längst, dass sich Arbeitnehmer, vor allem die hoch qualifizierten – also genau die, die wir uns als Unternehmer wünschen – künftig ihren Arbeitgeber mehr und mehr werden aussuchen können. Die Gefahr einer hohen Fluktuation ist da gleich mit inbegriffen. Beispiel Mobilität: In der Vergangenheit aus Arbeitgebersicht ein Synonym für „Wenn Du bei uns arbeiten willst, dann erwarten wir von Dir, dass Du (mit oder ohne Familie) in die Nähe ziehst oder Tag für Tag 300 km Fahrweg auf Dich nimmst." Das konnte man sich als Unternehmen erlauben. Gute Stellen waren rar, gute Bewerber gab es wie Sand am Meer. Heute jedoch steht Mobilität für flexibles Arbeiten von möglichst jedem Ort der Welt. Laptop, Smartphone und die Vernetzung der Arbeitswelt machen das längst möglich – jedenfalls dann, wenn eine physische Anwesenheit nicht oder nicht dauernd erforderlich ist. Vereinbarkeit von Familie und Beruf, Work-Life-Balance, Sinn im Job – das sind weitere Stichworte, die vor allem jüngere Bewerber interessieren. Können Sie das bieten? Wenn ja, schreiben Sie es auf Ihre Website und grenzen Sie sich damit von Ihren Konkurrenten ab. Wenn Sie dann noch Ihre eigenen Mitarbeiter als „Testimonials", also als Zeugen Ihrer Aussagen, auftreten lassen, werden die richtigen Bewerber schon kommen.

Ihre Stellenbeschreibung

Ein internationales Modelabel hat viele Stellen zu besetzen. Wie diese im Einzelnen aussehen, wie die Zusammenarbeit funktioniert und welche Möglichkeiten das Unternehmen jedem einzelnen Talent bietet, zeigt s.Oliver in mehreren kurzen Videos. Es wäre kaum verwunderlich, wenn junge und kreative Bewerber/innen sich von diesem spannenden Umfeld angesprochen fühlten: http://bastiansens.de/outsoliver

Natürlich hat ein Unternehmen wie s.Oliver die Ressourcen und Mittel, gute und professionelle Videos zu drehen. Doch Sie können das auch. Zeigen Sie den Bewerbern, wo sie arbeiten (werden), lassen Sie Ihre Mitarbeiter sprechen, stellen Sie besondere Vorteile heraus. Und vergessen Sie bitte nicht, zum Schluss auch immer einen Ansprechpartner für Bewerber in der Stellenbeschreibung auf Ihrer Website zu nennen.

Tipp 7: Zeigen Sie Ihre Mitarbeiter

Gegen ein professionelles Fotoshooting werden Sie zahlreiche Einwände finden: Zu teuer, das Personal wechselt häufig, wir finden keinen gemeinsamen Termin usw. Und abgesehen davon wollen unsere Mitarbeiter doch nicht mit einem Bild im Internet sein. – Wirklich? Die Zeiten, in denen man sich nicht öffentlich zeigen wollte, dürften längst vorbei sein. Dabei versteht es sich von selbst, dass man es nicht übertreiben und – wie es leider viele, vor allem junge, Menschen tun – jedes noch so kleine Detail von sich preisgeben sollte.

Ja, stimmt, gute Fotos haben ihren Preis. Sie eignen sich aber, wie schon in Tipp 1 beschrieben, ausgezeichnet, um Ihrem Unternehmen eine eigene Identität im Web zu verschaffen. Vielleicht sehen Sie keinen direkten Erfolg, aber langfristig zahlt es sich aus, wenn Sie sich „nahbar" zeigen, und genau das tun Sie mit Fotos von sich und Ihren Mitarbeitern.

Und: Menschen wollen wissen, mit wem sie es zu tun haben und wie diese Person aussieht. Mit einem Foto kann sich jeder, der bei Ihnen anruft oder Ihnen schreibt, buchstäblich ein Bild von seinem Gesprächspartner machen. Das schafft nicht nur Nähe, sondern auch Vertrauen.

Wenn Sie mutig sind, können Sie Mitarbeiter auch mal lustig darstellen oder ein unerwartetes Bild zeigen – allerdings muss das auch zu Ihrem sonstigen Unternehmensauftritt passen. Sollte es bei Ihnen etwas konservativer zugehen, beschränken Sie sich auf freundliche, professionelle Bilder. Ein guter Fotograf weiß Sie zudem zu beraten. Vertrauen Sie ihm. Größere Unternehmen sollten neben Fotos von der Geschäftsleitung zumindest die Mitarbeiter im Service abbilden.

Auf der Website meiner Agentur Sensational Marketing (https://sensational. marketing) zeigen wir zum Beispiel Kinderfotos als Mouseover-Effekt: Wenn Sie mit der Maus über das Foto eines unserer Teammitglieder fahren, erscheint ein Foto von Der- oder Demjenigen aus Kindertagen. Warum? Wir möchten uns als familienfreundliches Unternehmen darstellen und auf diese Weise Nähe demonstrieren. Unsere Fotos sind übrigens, wie die an der Wohnzimmerwand, digital mit einem Fotorahmen umrandet, was den familiären und originären Eindruck verstärken soll. Probieren Sie es mal aus: http://bastiansens.de/outteam (siehe auch Abb. 4).

Bastian Sens   Phillipp Jansegers
Der fußballerische Online-Enthusiast Der golfverrückte Schreiber

Abb. 4 Bildergalerie der Teammitglieder von Sensational Marketing. (Quelle: Sensational Marketing e. K. o. J.a)

Tipp 8: Gewähren Sie einen Blick hinter die Kulissen

„Hinter die Kulissen schauen", das ist ein Ausdruck aus dem Theater: Nicht nur das sehen, was „gespielt" wird, sondern auch erfahren, welche Menschen, welche echten Charaktere und auch welche Pannen sich hinter dem perfekten Auftritt verbergen. Wissen, was sich dort abspielt, wo sonst keiner hinkommt – das empfinden wir als Privileg. Ihre Kunden auch. Doch keine Angst, Sie sollen nicht das Innerste Ihres Unternehmens nach außen kehren, wohl aber einen Einblick in Ihre Unternehmenswelt gewähren, den man so nicht erwartet.

Einmal abgesehen von Werksführungen oder Tagen der offenen Tür funktioniert das in der Online-Welt am besten mit Videos. Gerne dürfen Sie sich dabei ein Beispiel an den Profis nehmen: Bestimmt kennen Sie die sogenannten „Making-of"-Videos. Die sind manchmal wirklich zum Kaputtlachen. Hier sehen wir, dass unsere Lieblingsschauspieler längst nicht alles perfekt machen, sondern sich auch mal versprechen oder stolpern. Diese Videos machen die Schauspieler nahbar und sympathisch. Nutzen Sie das für sich und drehen sie selbst ein „Making-of"-Video, zum Beispiel bei Ihrem nächsten Fotoshooting oder Videodreh. Es müssen keine Pannen passieren, es reicht, dass Ihre Kunden Sie aus einer

Abb. 5 Image-Film von der Kieferorthopädischen Praxis VAN DEN BRUCK. Idee und Umsetzung durch geffroy.com. (Quelle: VAN DEN BRUCK | Ästhetische Kieferorthopädie 2014)

privaten Perspektive sehen. Das macht Ihr Unternehmen menschlich und sympathisch. Ein schönes Beispiel – es stammt von der Kieferorthopädische Praxis VAN DEN BRUCK: http://bastiansens.de/outmakeingof (siehe auch Abb. 5).

Auch für das Personalmarketing sind Videos, die einen Blick hinter die Kulissen gewähren, geradezu ideal. Lassen Sie beispielsweise einen Auszubildenden einen Tag bei seiner Arbeit filmisch begleiten oder nehmen Sie beim Betriebsausflug ein Kamerateam mit. Zeigen Sie auf diese Weise die menschliche Seite Ihres Unternehmens und machen Sie sich und Ihr Team nahbar und sympathisch.

Tipp 9: Betreiben Sie eine gute Karriereseite

Fakt ist, dass Unternehmen schon immer um die besten Mitarbeiter gebuhlt haben. Umso erstaunlicher, dass der bunte Strauß an Möglichkeiten für die Personalrekrutierung von vielen geradezu fahrlässig missachtet wird. In der Folge passen weniger als 16 % der Bewerber zum Unternehmen und der ihnen zugedachten Aufgabe (Merath 2012). Doch jede Falschbesetzung kostet Unternehmer viel Geld. Was können wir also tun, um möglichst viele Bewerbungen von Menschen zu erhalten, die nicht nur qualifiziert sind, sondern voraussichtlich auch zu unserem Unternehmen passen?

Meiden Sie „Big Failures"

Die Studie „Recruiting Trends" der Universität Bamberg listet jährlich die „Big Failures" von Unternehmen und Bewerbern auf (mehr dazu unter: http://bastiansens. de/outrecruiting). Darin bemängeln Unternehmen eine zu große Differenz zwischen der ausgeschriebenen Stelle und den Bewerbern. Machen Sie auf Ihrer Karriereseite deutlich, wofür Sie stehen und was Sie von Ihren zukünftigen Mitarbeitern erwarten. Speisen Sie Ihre Bewerber dabei aber nicht mit Recruiting-Floskeln ab, sondern nennen Sie Ihre konkreten Vorstellungen.

Bewerber hingegen kritisieren am häufigsten den Inhalt der Unternehmenspräsentation. Acht von zehn Bewerbern beanstanden dabei Aspekte wie Unehrlichkeit, übertriebene oder falsche Aussagen sowie schlechte Ansprachen. Das Design und der Auftritt der Website werden als zweitgrößter Faktor genannt. Diese Punkte sind deswegen interessant, da Ihre Bewerber Ihre Website genauso kritisch betrachten wie Ihre Kunden!

Ihre Stellenausschreibung muss sichtbar sein

Es klingt nach einer Binsenweisheit, aber wir müssen dafür sorgen, dass unsere Stellenausschreibungen nicht nur leicht, sondern auch dauerhaft gefunden werden, und zwar sowohl in den einschlägigen Jobbörsen als auch über Google. Wie soll das gehen, wenn Stellen, die erfolgreich besetzt wurden, aus den Stellenbörsen verschwinden? Ganz einfach: auf der Karriere-Seite, einer eigenen Unterseite Ihrer Website. Hier können Sie Ihre Stellenausschreibungen ständig anpassen und so eine wichtige Möglichkeit der Suchmaschinenoptimierung nutzen. Denn wenn Sie die Unterseiten mit den Stellenbeschreibungen entfernen, sobald Sie die Stellen besetzt haben, dann verlieren Sie immer auch die wichtigen Google-Positionen. Lassen Sie sie also unbedingt aktiv bestehen, optimieren Sie sie nach und nach und erreichen Sie mit den wichtigen Begriffen für Ihre Personalsuche (zum Beispiel „Trainee Online Marketing Köln") bessere Positionen bei Google. In meiner Agentur Sensational Marketing machen wir es so, dass wir diejenigen Ausschreibungen für Stellen online lassen, für die wir mehr oder weniger ständig neues Personal benötigen. Schließlich, und das wissen Sie ebenso gut wie ich, dauert die Personalsuche jedes Mal gute sechs Monate, bis ein geeigneter Bewerber gefunden ist, der perfekt zu uns passt.

Immer willkommen: Initiativbewerbungen

Diese Methode hat einen weiteren Vorteil: Wenn Sie gleichzeitig Bewerber auffordern, sich initiativ bei Ihnen zu bewerben, haben Sie sogar einen guten und sachlichen Grund, Stellenausschreibungen online zu lassen und so die Möglichkeiten der SEO auszuschöpfen. Wenn aber ein potenzieller Mitarbeiter, der fachlich und persönlich gut zu Ihnen passen könnte, erst gar keinen geeigneten Job auf Ihrer Website findet, navigiert er weiter. Pech für Sie. Chance vertan.

Auffallen
Natürlich gibt es auch viele Unternehmen, die all diese Ratschläge längst befolgen. Daher ist es außerdem noch wichtig, dass Ihr Unternehmen den Jobsuchenden auch auffällt. SEO ist hier leider nicht alles, sondern lediglich eine gute Unterstützung. Gerade für hoch qualifizierte Bewerber ist es leicht, einen neuen Arbeitgeber zu finden, deswegen müssen Sie solche Jobsucher dazu bringen, sich bei Ihnen zu bewerben. Das ist besonders schwierig in Unternehmen, die auf den ersten Blick vielleicht nicht gerade traumhaft attraktiv erscheinen.

Humor könnte helfen, wie das Beispiel der Karl SPÄH GmbH & Co. KG, einem Hersteller von Gummi- und Kunststoff-Werkstoffen, zeigt. „Komm' (s)tanz mit uns" lautet die Aufforderung und zeigt, dass jede Branche humorvoll für sich werben kann (vgl. Abb. 6). So fallen Sie bei potenziellen Bewerbern garantiert auf. Und auch wenn die Bewerbungen nicht sofort eintrudeln, ist eines sicher: Man erinnert sich an Sie und bewirbt sich eher, als dies bei einer weniger emotionalen Website der Fall ist (Maixner 2014).

Abb. 6 Karriereseite der Karl SPÄH GmbH & Co. KG aus dem Jahr 2016. (Quelle: Karl Späh GmbH & Co. KG o. J.)

Inside Unternehmen

Apropos Emotionen: Überlegen Sie, mit welchen anderen emotionalen Faktoren Sie Ihr Unternehmen für mögliche künftige Mitarbeiter attraktiv machen können. Beschreiben Sie den Arbeitsplatz. Erzählen Sie von Ihrer coolen Kaffeemaschine, um die sich das Team regelmäßig ganz spontan versammelt und an der schon viele neue Ideen entstanden sind. Spielen Sie mittags gemeinsam Kicker? Haben die Angestellten ein gutes persönliches Verhältnis? Kann man bei Ihnen Pause auf der Dachterrasse machen? Geben Sie sympathische Einblicke in Ihr Unternehmen, mit denen man sich ein Bild machen und vorstellen kann, wie man selbst dort arbeitet, den Schreibtisch einrichtet, mit den Kollegen plaudert, sich in der Teamsitzung einbringt etc.

Aber auch wenn es nicht ganz so emotional sein soll, ist es wichtig, dass Sie Interessenten viele Informationen in übersichtlicher Form bieten. Ein gutes Beispiel hierfür ist die PERI GmbH, einer der sogenannten „Hidden Champions" in Deutschland im Bereich Schalungs- und Gerüstbau. Auf der Karriereseite finden potenzielle Bewerber alle wichtige Informationen und Anlaufstellen: http://www.peri.com/de/karriere.html.

Tipp 10: Passen Sie Ihre Website der Saison an

Vorbei sind die Zeiten, in denen Websites statische Informationswüsten waren. Heute gibt es Content-Management-Systeme, und mit denen kann man das Aussehen der eigenen Seite auch ruhig einmal verändern. Aber die wenigsten tun das. Kennen Sie zum Beispiel eine Website, deren Erscheinungsbild an der Jahreszeit oder an saisonalen Anlässen ausrichtet ist? Die gibt es – aber sie sind ziemlich selten. Das ist Ihre Chance! Fallen Sie ruhig einmal auf, um im Kopf Ihrer Kunden zu bleiben. Werden Sie kreativ und überlegen Sie, wie Sie Ihrer Website einen saisonalen Anstrich geben können.

Folgende Anlässe könnten Sie auf Ihrer Website aufgreifen:

- Überschrift zum Neujahr: „Ins neue Jahr starten mit …"
- Frühlingsanfang
- Gewinnspiel zu Ostern
- Oktoberfest
- Im Dezember haben Ihre Mitarbeiter auf der Teamseite eine Nikolausmütze auf
- Je nach Branche können Sie auch einen Blick in einen Welttag-Kalender werfen und diesen Tag fokussieren. Die Auswahl reicht vom Welttag des Schneemanns – ja, den gibt es wirklich, und zwar am 18. Januar – über den Welttag des Buches am 23. April bis zum Weltkindertag am 20. November.

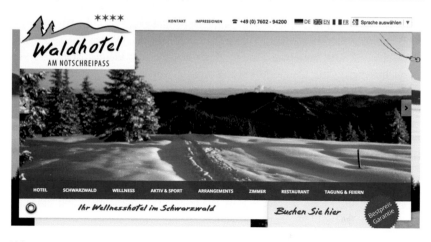

Abb. 7 Saisonaler Header des ****Waldhotel am Notschreipass. (Quelle: Gastro Team Albiez GmbH o. J.)

Oft reicht es schon, wenn Sie nur die Überschrift und das Bild im Kopfbereich Ihrer Website ein wenig verändern. Übertreiben Sie es aber nicht. Wie so oft lautet die Devise: Weniger ist mehr. Die Liebe zum Detail macht den Unterschied. Ein gutes Beispiel sehen Sie in Abb. 7: Das ****Waldhotel am Notschreipass (www.schwarzwald-waldhotel.de) hat für alle vier Jahreszeiten einen eigenen Hintergrund mit einem passenden Motiv, auch die Slideshow im Header wird der Jahreszeit angepasst. Im Herbst und Winter sehen Sie verschneite Berge und Wintersport, im Sommer grüne Wiesen und Wanderimpressionen.

Eine solche kleine Veränderung fällt nicht nur auf, sondern hat auch den Vorteil, dass Ihre Website aktuell wirkt und nicht „verlassen" aussieht, wie man es zum Beispiel öfters in Corporate Blogs sieht, in denen vor zwei Jahren der letzte Blogartikel publiziert wurde. Mehr zum Thema Blog finden Sie übrigens in den Tipps 17 und 27.

Tipp 11: Verwenden Sie passende Gimmicks

Die Betonung liegt auf „passend". Eine Schneeflocke über die Website rieseln zu lassen, dürfte für die meisten Unternehmen doch etwas zu verspielt sein. Denken Sie immer daran: Sie wollen im Kopf Ihres Kunden bleiben und Ihre Individualität durch das Detail verkörpern. Gimmicks – gleich welcher Art – müssen zu Ihnen und Ihrem Angebot passen. Alles andere dürfen Sie getrost sein lassen.

Was sind eigentlich Gimmicks? Nun, Schneeflocken, die über Websites rieseln, zum Beispiel. Ursprünglich steht ein Gimmick für eine kostenlose Zugabe, ein Werbegeschenk zu einem Produkt (zum Beispiel ein kleines Spielzeug zum Comicheftchen). Im Online-Marketing bezeichnet es eine Art „Hingucker", eine „Spielerei", die aber den Sinn hat, einen bestimmten Part auf einer Website besonders hervorzuheben.

Ein Gimmick kann auf optischem und akustischem Weg transportiert werden. Allerdings sollte man mit automatisch abgespielten Sounds zurückhaltend sein. Denn falls der Besucher Ihrer Website zufällig seine Lautsprecherboxen auf volle Lautstärke aufgedreht hat, erschrickt er womöglich so sehr, dass er sicher kein zweites Mal auf Ihre Website navigieren wird.

Gut und interessant macht es Karl-Heinz Land, Unternehmer und einer der Autoren des Buches „Digitaler Darwinismus" auf seiner Website www.neuland. digital. Die Website ist insgesamt sehr übersichtlich gehalten, spielt jedoch mit der Vernetzung: Wenn man auf der Startseite mit der Maus über Text und Menü fährt, zieht diese ein Netz nach sich (vgl. Abb. 8). Über die Lesbarkeit der Texte, die mit einem Netz überzogen sind, mag man zwar streiten, aber die Botschaft ist klar: Alles ist Vernetzung. Auf den Unterseiten wird das Gimmick nicht mehr eingesetzt, das wäre vermutlich auch nicht klug, da man einer solchen „Spielerei" schnell überdrüssig werden kann.

Schauen Sie sich Ihre Seite einmal an. Ist sie eher schlicht gehalten, dann kann es durchaus angebracht sein, ein passendes Gimmick einzubauen. Überlegen Sie sich aber vorher, was Sie damit aussagen wollen. Denn: Leise rieselt der Schnee wohl nur so richtig schön im Onlineshop für Weihnachtsbäume.

Abb. 8 Vernetzung bei jeder Mausbewegung auf www.neuland.digital. (Quelle: Neuland GmbH & Co. KG o. J.)

Tipp 12: Nutzen Sie einen eindeutigen und einzigartigen Domainnamen

Klarer Fall: Am besten ist ein Domainname, aus dem klar hervorgeht, wer und was sich hinter der dazugehörigen Website verbirgt. Da weiß man, woran man ist, und kann sich den Namen gut merken. Wenn es nur so einfach wäre … unternehmensberater.de, marketing-agentur.com oder kaffeeröster.de – leider kann es immer nur einen geben, der solche Domains sein eigen nennt. Schade eigentlich.

Oder vielleicht auch nicht. Denn: Diese Domains, so verlockend sie auch anmuten und aus SEO-Gründen ideal sein mögen, haben eines nicht: Individualität. Unternehmensberater Wer? Marketing-Agentur Wo? Kaffeeröster Schön und Gut? Haben Sie erkannt, was wirklich fehlt? Richtig, es fehlt ein Name. Denn wie bei Menschen auch wollen wir doch immer wissen, wie ein Unternehmen heißt, um ihm eine Identität zu verleihen. Sie sagen doch auch nicht: „Dieses Auto habe ich beim Autoverkäufer gekauft", oder: „Diesen tollen Mantel gibt es beim Mantelanbieter." Nein – das Auto ist von BMW und der Mantel von Zalando.

Nun, bmw.de und zalando.com sind für Sie natürlich tabu, ebenso wie alle Domains, die den Namen eines bekannten Unternehmens aufgreifen. Versuchen Sie es erst gar nicht, es wird Sie teuer zu stehen kommen. Aber mit ein bisschen Kreativität können Sie auch für Ihr Unternehmen einen Domainnamen finden, der einprägsam und leicht wiederzufinden ist, ohne dass Sie zuerst eine weltbekannte Marke erschaffen müssen.

Ein wichtiger Grundsatz dabei lautet: Die Besucher und Interessenten sollten sich nicht nur an Ihren Domainnamen erinnern und ihn bei Bedarf jederzeit abrufen können. Nein, Ihre potenziellen Kunden sollten auch tatsächlich Ihr Unternehmen mit diesem Domainnamen verbinden können.

Keine einfache Aufgabe, könnten Sie einwenden – vor allem, wenn man bereits ein Unternehmen und eine Domain hat. Das stimmt, aber wenn Sie im Web nicht die gewünschte Aufmerksamkeit bekommen, die Zahl der Online-Besucher sich also auf einem äußerst überschaubaren Niveau bewegt und Sie über Ihre Website so gut wie nichts verkaufen, dann sollten Sie tatsächlich über einen Domainwechsel nachdenken.

Wie aber findet man eine gute Domain? Nun, zuerst einmal müssen Sie sich überlegen, wie Sie Ihren Unternehmensnamen auf sinnvolle Weise mit dem Inhalt Ihres Geschäfts verknüpfen können. Überlegen Sie sich einen einprägsamen und vorzugsweise kurzen Namen und prüfen Sie, ob diese Domain noch frei ist. Das geht über denic.de für Domains mit .de-Endung oder über einen Hosting-Anbieter (united domains, 1und1, strato etc.). Sprechen Sie dann mit möglichst vielen Personen über Ihre Domain-Idee und testen Sie die Reaktionen.

1	.shop	152.535
2	.web	112.696
3	.berlin	55.962
4	.app	48.918
5	.bayern	45.159
6	.gmbh	37.358
7	.blog	35.453
8	.hamburg	33.258
9	.hotel	31.683

Abb. 9 Top 10 der meistgenutzten neuen Domainendungen bei United Domains. (Quelle: united-domains AG o. J.)

Nachstehend finden Sie zusätzlich fünf Ideen, um eine einzigartige und einprägsame Domain zu finden – vor allem auch dann, wenn Sie bereits die Top-Level-Domain *.de,* aber nicht die *.com*-Adresse haben:

- Holen Sie sich Inspirationen über angebotene Domains auf Sedo.de, einer Handelsplattform für Internetadressen
- Erweitern Sie Ihren gewünschten Domainnamen um die Gesellschaftsform (falls diese zukünftig so bestehen bleibt)
- Kaufen Sie einem anderen Unternehmen eine für Sie ideale Domain ab. Russian Standard kaufte beispielsweise vodka.com für drei Millionen US-$ – aber keine Sorge, manch andere Domain gibt es auch wesentlich günstiger
- Nutzen Sie Abkürzungen, wie beispielsweise die Lufthansa (LH.com) oder Bayerische Motoren Werke (bmw.de)
- Werden Sie kreativ: Mit http://www.bustaname.com/ schaffen Sie ganz neue Kombinationen.
- Verwenden Sie neue Domainendungen. Die Top 10 der meistgenutzten neuen Domainendungen bei United Domains finden Sie in der Abb. 9 und unter http://bastiansens.de/outdomain

▶ **Extra-Tipp: Domains mit Umlauten** Falls Ihr Unternehmensname mit Umlauten geschrieben wird, könnte es auch sinnvoll sein, einen Domainnamen mit Umlauten zu registrieren, denn das ist mittlerweile möglich. Bedenken Sie aber, dass E-Mail-Adressen mit Ihrem Domainnamen nicht mit Umlauten funktionieren. Das sollte also nur eine zusätzliche Option sein. Von einer solchen Adresse können Sie aber auf eine andere Seite weiterleiten – oder umgekehrt.

Tipp 13: Gestalten Sie Ihre individuelle Danke-Seite

„Ihre Kontakt-Anfrage wurde versendet." Nein – das ist keine sinnvolle Art, Ihrem Kunden mitzuteilen, dass seine Anfrage bei Ihnen angekommen ist. Erstens weiß der Kunde selbst, dass er die Anfrage versendet hat, und zweitens ist das an Unpersönlichkeit in der Ansprache kaum zu überbieten.

Drittens – und das ist aus Unternehmersicht am wichtigsten – wird hier eine exzellente Möglichkeit verpasst, den kurzen Moment intensiver Aufmerksamkeit zu nutzen, den Ihr (möglicher) Kunde gerade Ihrem Unternehmen widmet. Bedenken Sie: Es ist gerade zu einer wichtigen Handlung gekommen, denn der Nutzer ist aktiv geworden und hat Sie kontaktiert. Conversion nennt man das im Online-Marketing. Das Beste, was passieren kann. Da ist es doch wohl erstens angebracht, dass Sie sich bedanken, und zweitens, dass Sie die Gelegenheit beim Schopfe packen.

Natürlich will der Nutzer wissen, ob seine Nachricht bei Ihnen angekommen ist, daher schaut er genau hin, was und wie Sie ihm schreiben. „Danke für Ihre Nachricht" ist daher das Mindeste, aber längst nicht genug. Nutzen Sie die Gelegenheit und geben Sie Ihrer Danke-Seite noch ein bisschen „Futter". Bieten Sie zum Beispiel eine weitere Kontaktmöglichkeit an oder schreiben Sie, bis wann Sie die Anfrage beantworten werden. Geben Sie dem Interessenten ein gutes Gefühl, mit Ihnen Geschäfte zu machen, und bringen Sie eine individuelle Note ein – zum Beispiel mit einem Foto von Ihnen oder vom Kundenbetreuer.

Hier ein paar Tipps, was Sie auf Ihrer Danke-Seite unterbringen könnten

- Informieren Sie über das weitere Vorgehen.
- Sagen Sie dem Kunden, wie lange es dauern wird, bis Sie ihm das gewünschte Angebot, den angeforderten Katalog, sonstige Informationen zusenden oder den Rückruf garantieren (und halten Sie sich unbedingt daran).
- Laden Sie ihn dazu ein, Ihre Facebook-Seite zu liken.
- Empfehlen Sie Ihren Newsletter.
- Verschenken Sie exklusiven Inhalt, zum Beispiel ein E-Book.
- Cross-Selling: Bieten Sie weitere relevante Produkte oder Dienstleistungen an, zum Beispiel auch aktuelle Angebote.

Prüfen Sie den Erfolg Ihrer Bemühungen
Suchen Sie sich das Passende für Ihr Unternehmen heraus und testen Sie den Erfolg Ihrer Aktionen. Zum Glück gibt es dafür heute einfache Tools wie Google Analytics. Hierfür muss Ihre Danke-Seite aber eine eindeutige URL haben (zum Beispiel www.ihrewebsite.de/danke.php). Sie können das selbst testen: Schicken Sie sich Ihr eigenes ausgefülltes Kontaktformular und schauen Sie, ob sich beim Absenden die URL ändert. Wird einfach nur ein „Vielen Dank für Ihre Nachricht" direkt unter dem Formular ausgegeben und die URL bleibt gleich, dann rufen Sie bitte Ihren Programmierer an. Sagen Sie ihm, dass eine neue Danke-Seite erstellt werden muss, auf die nach dem Absenden weitergeleitet werden soll. Die neue URL können Sie dann in Google Analytics untersuchen: Wie lange sind die Besucher auf der Danke-Seite geblieben? Welches Angebot haben sie anschließend wahrgenommen? Haben Sie den Newsletter abonniert? Wurde das E-Book heruntergeladen?

So gehen Sie vor
Rufen Sie in Ihrem Google-Analytics-Account den Punkt „Verhalten" auf. Gehen Sie anschließend auf „Websitecontent" und hier auf „Alle Seiten". Suchen Sie in der Liste nach Ihrer Danke-Seite und klicken Sie den Link an. Hier sehen Sie bereits die Absprungrate und die Verweildauer. Durch Ihre Optimierungen können Sie mit der Zeit den Verlauf dieser Kennzahlen beobachten. Klicken Sie nun oben auf „Navigationsübersicht", und erhalten Sie weiter unten die Information über den nächsten Seitenpfad, also darüber, wohin der Besucher intern geklickt hat (vgl. Abb. 10).

Abb. 10 Darstellung des nächsten Seitenpfads in Google Analytics. (Google und das Google-Logo sind eingetragene Marken von Google Inc., Verwendung mit Genehmigung). (Quelle: Google Analytics o. J.)

Tipp 14: Zeigen Sie sich auf Portraits offen und freundlich

Spätestens seit Samy Molcho, dem „Pionier der Körpersprache", wissen wir alle um den Stellenwert der nonverbalen Kommunikation. Mit verschränkten Armen im Meeting sitzen? Mit versteinerter Miene am Messestand stehen? Oder dem Publikum bei Präsentationen vor allem den „entzückenden" Rücken zuwenden? Geht alles gar nicht.

Und was für das reale Leben gilt, stimmt auch im Web. Doch nur allzu oft begegnen uns auf Websites Fotos, auf denen Menschen mit verschränkten Armen und ernstem Gesicht zu sehen sind. Sie wirken – bestimmt nicht nur auf mich – arrogant und hart. Möglicherweise steckt eine bestimmte Absicht dahinter: Stärke, Unnachgiebigkeit, Zielorientierung. Doch in meinen Augen ist das eher abschreckend. Denn geschlossene Arme signalisieren: Wir verschließen uns anderen gegenüber (Henkel 2014). Dabei wollen wir uns doch auf der Website offen und im besten Licht darstellen.

„Das Vertrauenshormon Oxytocin baut das natürliche Misstrauen gegenüber dem Verkäufer ab", sagt der Hirnforscher und Autor Dr. Georg Häusel (2015, S. 92).

Wollen Sie im Web verkaufen? Dann erzeugen Sie reichlich Oxytocin: Treten Sie auf Ihren Personenportraits den Besuchern mit einer offenen Körperhaltung und einem freundlichen Lächeln entgegen. Laden Sie den Besucher mit Ihrem Foto regelrecht ein, sich an Sie zu wenden, wenn er eine Frage hat oder einen Rat braucht. Denn mit einer einladenden und positiven Haltung signalisieren Sie, dass Ihre Kunden und deren Wünsche und Probleme bei Ihnen willkommen sind.

Tipp 15: Werden Sie zum Gesicht Ihres Unternehmens

Als Onlineshop gegen Amazon ankommen? Sich als mittelständischer Immobilienmakler gegen ImmobilienScout24 durchsetzen? Das klingt fast unmöglich. Zu stark scheint die Marktmacht der großen „Player". Und doch gibt es einige Mittel und Wege, wie Sie gerade als kleineres oder mittleres Unternehmen Ihre Vorteile in die Waagschale werfen können. Konkret: sich selbst bzw. eine andere Identifikationsfigur Ihres Unternehmens. Denn Persönlichkeit ist im oft anonymen Web ein Trumpf, den die großen Marktführer – meistens – nicht ziehen können.

Machen Sie Ihre Website daher so persönlich wie möglich. Neben der bereits erwähnten Teamseite mit Fotos von Ihnen und Ihren Mitarbeitern (siehe

Tipp 7) können Sie zum Beispiel auf Ihrer „Über uns"-Seite auch eine persönliche Geschichte erzählen. Wer sind Sie? Warum haben Sie Ihr Unternehmen gegründet? Was ist Ihnen wichtig? Welche Ziele (gerne auch private) wollen Sie erreichen? Menschen lieben persönliche Geschichten, weil sie ihre Gefühle ansprechen. Ein Mensch aus Fleisch und Blut steckt hinter diesen Produkten, hinter dieser Dienstleistung. Das kommt an, das merkt man sich, das erzählt man weiter. Nutzen Sie darüber hinaus die vielen Kanäle, um Ihr Gesicht zu zeigen, zum Beispiel Videos oder Social-Media-Plattformen. Geben Sie Tipps, schildern Sie besondere Begebenheiten, lassen Sie Ihre Kunden an Ihrem Geschäftsalltag teilhaben. Geben Sie ruhig etwas Persönliches von sich preis. Das schafft Vertrauen, sorgt für Kundenbindung und für Weiterempfehlungen.

Mit diesen Maßnahmen können Sie Ihrem Unternehmen ein Gesicht geben

- Beschreiben Sie auf einer Unterseite Ihrer Website (zum Beispiel „Über uns"/ „Geschichte") wie und warum Sie Ihr Unternehmen gegründet haben.
- Schreiben Sie Blogartikel zu Themen, die Ihre Kunden bewegen, zum Beispiel wie Marco Nussbaum, einer der Gründer und CEO von prizeotel auf http:// www.so-geht-hotel-heute.com/.
- Nutzen Sie Ihre persönlichen Social-Media-Accounts, um Ihr Wissen zu teilen.
- Drehen Sie persönliche Videos von sich. Erzählen Sie zum Beispiel von Ihrer Familie, Ihrem Umfeld, Ihren Hobbys, Ihren Zielen. In weiteren Videos könnten Sie auch über Ihre Erfahrungen als Unternehmer oder über Gedanken zu Entwicklungen reden, die Ihre Branche betreffen. Publizieren Sie diese Videos auf YouTube und verlinken Sie Ihren YouTube-Kanal auf Ihrer Website.
- Halten Sie Vorträge und berichten Sie davon auf Ihrer Website.
- Stellen Sie ein Foto auf die Startseite, das Sie selbst zeigt, und schreiben Sie beispielsweise daneben, wofür Sie persönlich stehen oder was Sie garantieren.

Praxisbeispiel: Akzepta Immobilien

Die Akzepta Immobilien GmbH aus Leverkusen macht es vor: Geschäftsführer Christian Civello versteht es ausgezeichnet, sich als Gesicht für das Unternehmen zu präsentieren. Er ist stets „an vorderster Front", und zwar sowohl auf seiner Website als auch auf seinen Social-Media-Portalen. Als Interessent kann man sich über das Unternehmen informieren, aber auch über den Geschäftsführer. Sogar das Immobilienportal Immowelt.de hat dies anerkennend in einem Artikel gewürdigt: http://bastiansens.de/outimmo.

Auf der Website der Akzepta Immobilien findet man unter „Wir für Sie" (Interview) zudem ein Video, in dem Christian Civello über seine Familie, seine Herkunft und seine Interessen spricht. Und das alles in nur einer Minute. Doch in dieser einen Minute ist er sehr authentisch, überzeugend und identitätsstiftend! Für sein Unternehmen ein wahrer Schatz, denn wir kaufen gerne von Menschen, mit denen wir uns identifizieren können.

Unter diesem Link finden Sie das Video: http://bastiansens.de/outakzepta.

Im Web sticht Persönlichkeit noch immer heraus. Schaffen Sie also Vertrauen. Verleihen Sie Ihrem Unternehmen, Ihrer Website, Ihrer Existenz ein Gesicht, mit dem Ihre Kunden sich identifizieren und eine verlässliche und langfristige Beziehung aufbauen können.

Tipp 16: Kommunizieren Sie in Echtzeit per Live-Chat

Eigentlich sind wir ständig im Gespräch. Wir plaudern in Echtzeit über Whats-App, Messenger und Skype oder kommunizieren über verschiedene Social-Media-Kanäle. Das kann man gut finden oder nicht, nutzen oder nicht, selbst betreiben oder nur passiv dabei sein. Als Angebot auf der eigenen Website in Form eines Live-Chats können Sie den Wunsch nach einem direkten Austausch in Echtzeit jedoch für sich und Ihr Unternehmen nutzen und Ihren Kunden einen zusätzlichen Service bieten. Die Betonung liegt dabei auf „zusätzlich", denn viele Menschen bevorzugen nach wie vor eine förmlichere Kommunikation.

Warum in Echtzeit kommunizieren?

Nehmen wir an, ein Interessent ist auf Ihrer Website gelandet und sieht sich um. Rechts unten erscheint das Bild eines freundlichen Mitarbeiters Ihres Unternehmens mit dem Angebot, Fragen jetzt gleich zu beantworten. Der Interessent gibt seine Frage ein und erhält sofort eine Rückmeldung. Kein Kontaktformular, kein Telefonat, einfach die Frage eintippen und los geht's.

Viele Menschen sind inzwischen so sehr daran gewöhnt, schnell und unkompliziert zu kommunizieren, dass selbst E-Mail oder Kontaktformular zu viel Zeit rauben. Anrufen ist für viele Website-Besucher auch keine Alternative, dennoch wollen sie genau jetzt, in diesem Moment, eine Antwort auf ihre Frage(n). Und wenn sie diese nicht bei Ihnen bekommen, dann vielleicht bei Ihrem Wettbewerber, wer weiß? Die Gefahr ist also groß, dass ein Interessent, also Ihr potenzieller Kunde, Ihre Seite verlässt und Ihnen ein Umsatz entgeht.

Das müssen Sie beachten

Sollten Sie diesen Tipp in die Tat umsetzen und auf Ihrer Website eine Chatfunktion installieren wollen, dann müssen Sie folgende Grundvoraussetzungen unbedingt beherzigen:

- Der Chat muss für den User einfach und intuitiv zu bedienen sein.
- Die Antwort auf eine Chat-Anfrage muss innerhalb von Sekunden erfolgen.
- Das Kundenproblem muss abschließend gelöst werden.

Wenn Sie nicht in der Lage sind, zumindest während der Öffnungszeiten Ihres Unternehmens eine Antwort in Sekundenschnelle zu gewährleisten, dann sollten Sie die Finger vom Chat lassen.

Einen Chat einbinden – Wie geht das?

Live-Chats, die die Echtzeit-Kommunikation für Websites ermöglichen, können Sie unkompliziert auf Ihrer Website einbauen, meist innerhalb weniger Minuten. Dies geht mit einer Software, die Sie auf Ihrem Rechner installieren.

Einige Anbieter von Live-Chats sind:

- userlike.com
- livechatinc.com
- livezilla.net

Was muss die Software können?

Falls Sie sich für eine Software entscheiden, sollten Sie einige Kriterien im Hinterkopf haben, die erfüllt sein müssen. Unter anderem diese:

- Das Chat-Fenster kann in Abhängigkeit vom Nutzerverhalten eingeblendet werden (zum Beispiel: Chat-Fenster geht auf, wenn der User bis zu einem bestimmten Bereich gescrollt hat).
- Der Chat kann vom Anbieter individuell aktiv geschaltet werden (in diesem Fall muss der User die Möglichkeit haben, Ihnen eine Nachricht zu hinterlassen, die Sie dann per E-Mail beantworten können).
- Ein Agent kann mehrere Chats gleichzeitig betreuen.
- Sie und auch der User können ein Chat-Protokoll erstellen.
- Die Chat-Software sollte mobiltauglich sein.

Abb. 11 Live-Chat auf https://sensational.marketing. (Quelle: Sensational Marketing e. K. o. J.b)

Chat per WhatsApp

Sie können Ihren Chat auch komplett über WhatsApp anbieten. Die Variante lohnt sich besonders im Endkundengeschäft (B2C) und spricht nicht nur eine junge Zielgruppe an. Im Jahr 2016 wurde der Messenger-Dienst von mehr als einer Milliarde Menschen genutzt. Seit einem Update der AGB Ende 2016 ist auch eine kommerzielle Nutzung von WhatsApp gestattet. Die Bundesagentur für Arbeit setzt zum Beispiel einen WhatsMeBot als Service ein: http://bastiansens.de/outwhats.

Seien Sie für Ihre Kunden da – Jetzt!

Testen Sie den Einsatz eines Live-Chats auf Ihrer Website. In unserer Agentur hat sich die Anzahl der Kundenanfragen seit Einführung der Chatfunktion spürbar erhöht. Wir können jetzt viele Fragen vorab klären und haben unseren Besuchern die Scheu genommen, den persönlichen Kontakt zu suchen. Aus Interessenten wurden Kunden, auch weil wir ihnen gezeigt haben, dass wir für sie da sind – in Echtzeit (siehe auch Abb. 11).

Tipp 17: Machen Sie Ihren Blog persönlich

Die ersten Blogs kamen Mitte der 1990er Jahre auf. Es handelte sich um Web-Tagebücher („Web-Logs"), in denen Privatpersonen Ereignisse aus ihrem Leben schilderten und die mal mehr und mal weniger Leser anziehen konnten. Nach und nach entwickelten sich Blogs von individuellen Plattformen zu kommerziellen Angeboten. Inzwischen nutzen viele Unternehmen ein sogenanntes Corporate Blog, um Neuigkeiten, Hintergrundinformationen, Fachartikel und vieles mehr an ihre Website-Besucher zu vermitteln. Der einst so private und sehr persönliche Informationskanal ist heute meist entpersonalisiert, und damit ist das, was einst den Reiz des Blogs ausmachte, leider verloren gegangen.

Bindung zwischen Leser und Unternehmen herstellen
Dabei ist es gar nicht so schwierig, auch dem Corporate Blog wenigstens einen Hauch von Persönlichkeit mitzugeben. Zum einen durch das auch in Tipp 4 beschriebene Storytelling, mit dem Sie Ihre sehr persönlichen Unternehmensgeschichten erzählen. Zum anderen aber auch dadurch, dass Sie jedem einzelnen Blogartikel einen Autor zuweisen und damit eine Bindung zwischen dem Leser und Ihrem Unternehmen herstellen. Denn der Leser will wissen: Wer hat diesen Artikel geschrieben? Warum ist er befähigt, diesen Artikel zu schreiben? Welche Kenntnisse und Fähigkeiten zeichnen ihn aus und warum kann ich mich auf das, was er schreibt, auch verlassen? Denn nicht erst seitdem es „alternative Fakten" gibt, ist die Verlässlichkeit und Nachprüfbarkeit ein wichtiger Aspekt.

Bloggen Sie – aber richtig
Vieles spricht dafür, ein Corporate Blog zu betreiben, und ich empfehle Ihnen, es zu tun. Als Basis für Ihre Social-Media-Aktivitäten, zum Zwecke der Suchmaschinenoptimierung, als Informationskanal für Ihre Fachinformationen etc. Themen gibt es wie Sand am Meer, zum Beispiel:

- Hintergrundinformationen und Expertenfragen
- Veranstaltungsberichte
- Terminankündigungen
- Produktnews
- Interviews
- Personalien (Mitarbeitervorstellung)
- Erfahrungsberichte
- Gastartikel anderer Autoren
- Buchrezensionen

Ihr Blog: Regelmäßig. Spannend. Persönlich
Drei Dinge sind dabei jedoch besonders wichtig:

1. Sie müssen am Ball bleiben und regelmäßig Beiträge für Ihren Blog erstellen.
2. Ihre Leser müssen den Inhalt („Content") interessant und spannend finden.
3. Die Leser wollen wissen, wer dafür verantwortlich zeichnet und welche Expertise der Autor besitzt.

Die Autorenbox
Jeder Autor in Ihrem Blog sollte daher bei seinen Artikeln in einer sogenannten Autorenbox mit Foto, Namen sowie einer kurzen Personenbeschreibung aufgeführt werden (siehe zum Beispiel Abb. 12). Platzieren Sie die Box entweder auf

Über den Autor

Bastian Sens

Bastian ist seit 2010 Geschäftsführer der Website-OpTEAMierer von Sensational Marketing in Leverkusen. In seinen Seminaren erklärt er anschaulich, wie Google funktioniert und Websites für Google und mehr Aufmerksamkeit optimiert werden können.

Abb. 12 Autorenbox im Blog von Sensational Marketing. (Quelle: Sensational Marketing e. K. o. J.c)

der rechten Seite neben dem Blogartikel oder darunter. Zusätzlich können Sie eine eigene Autorenseite im Blog erstellen und dort zu jedem Autor eine ausführliche Beschreibung hinzufügen. Auf dieses Profil verlinken Sie dann die jeweilige Autorenbox unter den Artikeln.

▶ **Extra-Tipp für WordPress** Falls Sie WordPress nutzen, können Sie die Autorenbox wie folgt editieren: Sie gehen im Backend auf Benutzer, wählen den entsprechenden Autor aus und geben auf der folgenden Seite unter „Biografische Angaben" den Beschreibungstext ein. Darunter sollten Sie ein Bild sehen, welches lediglich bei dem externen Dienst gravatar.com festgelegt werden kann – falls Sie es ändern möchten, können Sie dies bei gravatar.com tun.[1]

Tipp 18: Nutzen Sie FAQ zum Vorteil Ihrer Kunden – und zu Ihrem eigenen

Etwas Besseres kann Ihnen gar nicht passieren: Ein Kunde ruft an und hat eine spezielle Frage zu Ihrem Produkt. Im besten Fall eine, über die Sie noch gar nicht nachgedacht haben. Ein typischer Fall für Ihre „Frequently Asked Questions" (FAQ), also die häufig gestellten Fragen, zu denen Sie als Unternehmen Auskunft geben können.

[1]Stand März 2017.

Die FAQ sind in erster Linie ein zusätzlicher Service für Ihre Kunden, denn sie bieten schnelle Antworten auf Kundenfragen. Ihre Kunden müssen Sie nicht erst anrufen oder Ihnen mailen – wobei Sie für diejenigen, die anrufen oder mailen wollen, diese Option auch immer vorsehen sollten. Für Sie als Unternehmen halten die FAQ aber auch eine ganze Reihe von Möglichkeiten für Ihr Online-Marketing bereit:

- **Image:** In den FAQ können Sie auf neutrale Weise deutlich machen, wofür Ihr Unternehmen steht. Als Antwort etwa auf die Frage, wo Sie produzieren, können Sie klar sagen, dass Ihr Produkt in Deutschland oder Europa hergestellt wird und dass Sie unter umweltschonenden Bedingungen produzieren (lassen). Zusätzlich können Sie hier auch Ihre Position gegenüber „heiklen" Themen zum Ausdruck bringen. So gibt es in der Branche meines Unternehmens Sensational Marketing einige Agenturen, die Suchmaschinenoptimierung mit Top-10-Garantien versprechen. Wir halten das nicht für seriös, da der SEO-Erfolg von zu vielen nicht beeinflussbaren Größen abhängt. Daher distanzieren wir uns von solchen Versprechungen und könnten dies in unsere FAQ einbringen.
- **Hilfestellung für Ihre eigenen Mitarbeiter:** FAQ sind ein wunderbarer Helfer für die Service-Mitarbeiter in Ihrem Unternehmen, die am Telefon Fragen von Kunden oder Interessenten beantworten. Sensibilisieren Sie diese Mitarbeiter (aber auch alle anderen) zusätzlich dafür, die Fragen der Anrufer zu sammeln. Auf diese Weise kommt Schritt für Schritt ein umfangreicher Fragenkatalog für Ihre FAQ zusammen.
- **Kommunikation mit Ihrem Kunden:** Bieten Sie auf der FAQ-Seite immer an, sich persönlich um Fragen Ihrer Kunden zu kümmern, etwa indem Sie auch gleichzeitig Ihre Telefonnummer und eine E-Mail-Adresse bereithalten. Fordern Sie Interessenten außerdem dazu auf, ihre Fragen bei Ihnen einzureichen oder Kommentare zu den Fragen zu schreiben. Das wiederum kann Ihnen helfen, Ihre FAQ ständig zu optimieren.
- **Content-Marketing:** Mit den FAQ bietet sich eine ausgezeichnete Gelegenheit, Content-Marketing zu betreiben. Denn wenn Ihre Kunden und andere User in Ihren FAQ nützliche Inhalte finden – sprich: Ihre Seite aufrufen, um sich zu informieren –, steigt Ihr Traffic. Übrigens: Gute FAQ dürfen auch ruhig mehr als Text beinhalten. Setzen Sie auf Bilder oder sogar Videos, wie im folgenden Beispiel: http://www.laxelle.de/service-hilfe/achselpads-haeufig-gestellte-fragen/.
- **SEO:** Nach SEO-Gesichtspunkten formuliert helfen Ihnen Ihre FAQ bei der Suchmaschinenoptimierung. Je öfter Sie neue Fragen formulieren und beantworten, desto besser.

Ein gutes Beispiel für eine gelungene FAQ-Seite ist auf der Website von Gerolsteiner Mineralwasser zu finden, schauen Sie selbst: http://bastiansens.de/outfaq. Gerolsteiner bietet hier zunächst an, Fragen per Telefon oder E-Mail zu adressieren, weist aber gleichzeitig darauf hin, dass viele Fragen (zum Beispiel „Wird Gerolsteiner Mineralwasser mit Ozon behandelt?") in den darunter aufgeführten Themenbereichen zu finden sind. Zu guter Letzt hat der User noch die Möglichkeit, weitere Fragen einzusenden.

Für alle Botschaften, die Sie Ihrem Kunden gerne mitteilen möchten, können Sie eine Frage und Ihre Antwort darauf formulieren und zusätzliche Informationen anbieten. Unter einer Voraussetzung: Verwenden Sie immer eine möglichst neutrale Sprache. „Marketingsprache" ist für FAQ gänzlich ungeeignet. Bieten Sie darüber hinaus auch immer die Möglichkeit der direkten Kontaktaufnahme.

Tipp 19: Erzählen Sie eine Geschichte: Fallstudien von Kunden

Echte Geschichten und echte Emotionen bewegen uns und schaffen Vertrauen. Ich habe Sie in diesem Buch schon einmal zum Storytelling ermuntert, erinnern Sie sich? Dabei ging es um Ihre eigene Geschichte. In diesem Tipp hier geht es aber um die Geschichten Ihrer Kunden, oder besser gesagt: Um Ihre Geschichten, in denen Ihr Kunde der Protagonist ist.

Case Study trifft Storytelling

Storytelling – das Erzählen von Geschichten – ist ein wunderbarer Weg, spielerisch Ihre Informationen und Botschaften zu transportieren und sich gleichzeitig als Problemlöser zu profilieren. In sogenannten Fallstudien (Case Studies) können Sie das Storytelling nutzen, um den Besuchern Ihrer Website einen Eindruck davon zu vermitteln, was Sie mit Ihrem Unternehmen bereits geleistet haben.

In einer Case Study beantworten Sie folgende Fragen:

- Wie war die Ausgangslage bzw. welches Problem hatte Ihr Kunde?
- Was haben Sie gemacht, um das Problem zu lösen?
- Welche positiven Ergebnisse und Erfolge sind daraus entstanden?
- Wie können andere Kunden davon profitieren?

Durch Ihre Geschichten bekommen Ihre Website-Besucher einen tief gehenden Einblick in Ihre Arbeit und Herangehensweise, und es fällt ihnen leicht, sich vorzustellen, wie die Zusammenarbeit mit Ihnen aussehen könnte.

Ein Text ist keine Geschichte
Wichtig: Schreiben Sie nicht einfach einen Text. Schreiben Sie eine Geschichte mit einer echten Dramaturgie. Fangen Sie mit Ihrem Kunden und seinem Problem an und schildern Sie so spannend wie möglich, wie Sie vorgegangen sind. Beschreiben Sie auch ruhig die eine oder andere Schwierigkeit, die sich auf dem Weg ergeben hat und für die Sie selbstverständlich eine Lösung gefunden haben. Denken Sie aber immer daran: Ihr Kunde ist der „Held" Ihrer Geschichte, Sie haben ihm bei der Problemlösung geholfen. Nicht anders herum! Reichern Sie die Geschichte auch unbedingt mit Bildern, Zwischenüberschriften und Info-Boxen bzw. Zitaten an. Es soll eine interessante und vor allem authentische Story sein, die der Website-Besucher spannend findet und in die er sich hineinversetzen kann. Keinesfalls sollten Sie Geschichten oder Personen erfinden.

Case Studies auf der Website einbinden
Erstellen Sie auf Ihrer Website eine neue Rubrik „Fallstudien" und verlinken Sie dort Ihre Berichte von Kundenprojekten. Wenn möglich, erstellen Sie für jeden Bericht eine separate Unterseite. Sie könnten diese Berichte auch als PDF-Download anbieten oder, wenn ausreichend Fallstudien zusammengekommen sind, ein kleines E-Book daraus machen.

Ein gutes Beispiel für die Erstellung einer Fallstudie zeigt der Vermarkter der Mediengruppe RTL, die IP Deutschland GmbH aus dem Beispiel in Abb. 13: http://bastiansens.de/outip.

DER FIRST MOVER MIT DEM STERN

Mercedes-Benz

29.02.2016
Der neue 3D-Effektsplit wurde von Mercedes-Benz als First Mover belegt. Markenbotschaft und präsentierte Produkte garantieren durch die neuartige Umsetzung hohe Aufmerksamkeit.

Leidenschaft auf 4 Rädern

Ist es Erziehung oder steckt es in den Genen? Manche meinen, die Leidenschaft für Pferdestärken und Geschwindigkeit datiere zurück bis in die Jäger- und Sammlerzeit. Wie auch immer: Jedenfalls übt alles was vier Räder hat, eine tiefe, ja fast magische Faszination auf Männer aus. Zur heutigen Zeit sind aber nicht nur die Männer von schnittigen Automobilen fasziniert, sondern auch Frauen legen immer mehr Wert auf die Qualität und das Äußere ihres Fahrzeugs - perfekte Voraussetzungen für eine außergewöhnliche Kampagne des Auto-Herstellers Mercedes-Benz ...

Abb. 13 Fallstudie der IP Deutschland GmbH über Mercedes-Benz. (Quelle: IP Deutschland GmbH o. J.)

Literatur

Albrecht Bäumer GmbH & Co. KG. (o. J.). Bäumer. https://www.baeumer.com/de/software/. Zugegriffen: 12. Apr. 2017.

Gastro Team Albiez GmbH. (o. J.). Waldhotel am Notschreipass. https://www.schwarzwald-waldhotel.de/de/. Zugegriffen: 3. Mär. 2017.

Google Analytics. (o. J.). Google Analytics. https://analytics.google.com/analytics/web/. Zugegriffen: 3. Mär. 2017.

Häusel, H. G. (2015). *Top Seller: Was Spitzenverkäufer von der Hirnforschung lernen können.* Freiburg: Haufe.

Henkel, P. (2014). *Besser wirken, mehr bewirken.* Wiesbaden: Springer Gabler.

Home24 AG. (o. J.). home24. https://www.home24.de/fhler. Zugegriffen: 12. Apr. 2017.

IP Deutschland GmbH. (o. J.). Kampagnen. http://www.ip.de/kampagnen/kampagnen/mercedes_benz.cfm. Zugegriffen: 12. Apr. 2017.

Karl Späh GmbH & Co. KG. (o. J.). Karriere. https://www.spaeh.de/unternehmen/karriere/. Zugegriffen: 12. Apr. 2017.

Krones AG. (2012). Menschen bei Krones: Katharina Seidenberg. YouTube, 1. August 2012. https://www.youtube.com/watch?v=fcGXNwcN-vE. Zugegriffen: 12. Apr. 2017.

Maixner, J. (2014). Nutzen Sie die Macht der Gefühle beim „Employer Branding"? Ein neurowissenschaftlicher Wirksamkeitsbenchmark der DAX30. http://cmolyzr.dc/dax30/. Zugegriffen: 3. Mär. 2017.

Merath, S. (2012). *Der Weg zum erfolgreichen Unternehmer.* Offenbach: Gabal.

Moleskine. (o. J.). Moleskine World. http://www.moleskine.com/de/moleskine-world. Zugegriffen: 15. Mär. 2017.

Neuland GmbH & Co. KG. (o. J.). Wir bringen Unternehmen ins „digitale Neuland". http://www.neuland.digital/. Zugegriffen: 12. Apr. 2017.

Sammer, P. (2014). *Storytelling. Die Zukunft von PR und Marketing.* Köln: O'Reilly.

Sensational Marketing e. K. (o. J.a). Das Familienalbum. https://sensational.marketing/ueber-uns/die-familie/. Zugegriffen: 12. Apr. 2017.

Sensational Marketing e. K. (o. J.b). Home. https://sensational.marketing/. Zugegriffen: 12. Apr. 2017.

Sensational Marketing e. K. (o. J.c). Google alerts: Ein Muss für jeden Unternehmer. https://sensational.marketing/blog/google-alerts-ein-muss-fuer-jeden-unternehmer/. Zugegriffen: 12. Apr. 2017.

Sinek, S. (2014). *Frag immer erst: Warum. Wie Top-Firmen und Führungskräfte zum Erfolg inspirieren.* München: Redline.

United-domains AG. (o. J.). Domain-Statistik – Die neuen Endungen in Zahlen. https://www.united-domains.de/neue-top-level-domain/domain-statistik/. Zugegriffen: 18. Apr. 2017.

VAN DEN BRUCK | Ästhetische Kieferorthopädie. (2014). Making of fotoshooting | VAN DEN BRUCK. Youtube, 19. Mai 2014. https://www.youtube.com/watch?v=slB4bxPCXv4. Zugegriffen: 12. Apr. 2017.

Gewinnen Sie mehr Neukunden

Tipp 20: Machen Sie's kurz – drei Sekunden für Ihr Angebot

Ob Sie es wollen oder nicht – Wenn Sie jemanden kennenlernen, entscheiden Sie innerhalb von wenigen Sekunden, ob Ihnen dieser Mensch sympathisch ist oder nicht. Wenige Sekunden! So schnell können Sie gar nicht überlegen, was Ihnen an der Person gefällt oder nicht. Sie können nicht bewusst feststellen, welche Eigenschaften jemand tatsächlich mitbringt und ob er ein angenehmer Gesprächspartner sein könnte. Diese Entscheidung macht unser Gehirn mit sich selbst aus.

Ganz ähnlich ergeht es dem Besucher Ihrer Website: Über Google hat er Sie gefunden, und er hofft natürlich, dass sein Informationsbedürfnis auf Ihrer Seite befriedigt wird. Mit nur einem Blick erfasst er blitzschnell, ob es sich lohnt, hier zu verweilen oder nicht. Innerhalb von nur **drei** Sekunden muss er Ihr Angebot überblicken können, sonst navigiert er weiter. Natürlich sollte Ihre Seite insgesamt aufgeräumt und ansprechend sein, am wichtigsten für den Besucher ist aber diese eine Frage: Werde ich hier schnell fündig oder nicht?

Nutzen Sie Überschriften

Damit potenzielle Kunden diesen Überblick bekommen können, müssen Sie also deutlich machen, was Sie anbieten. Ein ebenso gutes wie auch einfaches Mittel sind Headlines. Es ist erschreckend, wie viele Seitenbetreiber diese simple Chance der Informationsübermittlung ungenutzt lassen. Die Hauptüberschrift ist dabei am wichtigsten (und übrigens auch aus Sicht der Suchmaschinenoptimierung ein entscheidender Faktor). Wo bei vielen Unternehmen immer noch „Herzlich willkommen auf unserer Website" steht, sollte auf Ihrer Seite Ihr wichtigster Verkaufsschlager stehen. Umso besser für Sie, wenn Sie auch noch einen

© Springer Fachmedien Wiesbaden GmbH 2017
B. Sens, *Schluss mit 08/15-Websites – so bringen Sie Ihr Online-Marketing auf Erfolgskurs,* DOI 10.1007/978-3-658-16496-6_2

wirkungsvollen Claim haben, der eindrücklich auf den Punkt bringt, was Ihr Unternehmen und Ihr Angebot ausmacht. Mehr zum Thema Überschriften können Sie im Tipp 22 nachlesen.

Praxistest
So erfahren Sie, ob Sie mit Ihrer Website Besucher zum Bleiben bewegen: Zeigen Sie Unbekannten Ihren Webauftritt. Wichtig: Diese sollten nichts über Ihr Unternehmen wissen. Stellen Sie einfach einen Laptop hin, rufen Sie Ihre Seite auf und nehmen Sie ihn nach spätestens fünf Sekunden wieder weg. Fragen Sie die Probanden, woran sie sich erinnern und vor allem, was Sie anbieten. Überarbeiten Sie Ihre Website umgehend, wenn Sie mit dem Ergebnis nicht zufrieden sind.

Tipp 21: Die Startseite ist Ihr Schaufenster

Auf der Website meiner Agentur Sensational Marketing erfolgten im Jahr 2015 knapp 63 % der Einstiege über die Startseite. Diese Zahl variiert von Unternehmen zu Unternehmen und von Branche zu Branche, aber in den meisten Fällen ist die Startseite (Homepage) der erste Anlaufpunkt für die Besucher. Prüfen Sie den Wert am besten direkt bei Ihrer Website, zum Beispiel mit Google Analytics.

Was Besucher auf der Startseite erwarten
Die Startseite Ihrer Website ist wie das Schaufenster eines Modeladens: Man schaut hinein, um zu erfahren, um welche Art von Mode es sich handelt: klassisch modern, für ein junges Publikum, sportlich? Kurzum: Man möchte sich selbst sehr schnell die Frage beantworten: Ist das was für mich? Wenn nicht, dann geht man zum nächsten Laden. Wenn es aber nicht erkennbar ist, was dann? Genau: Man geht ebenfalls zum nächsten Laden. Chance vertan, Pech für den Anbieter. Was es gibt und für wen es gedacht ist, muss auf einen Blick erkennbar sein. Im Ladengeschäft genauso wie im Web.

Ebenso verhält es sich mit den Markenwerten: Wie ist das Schaufenster gestaltet? Wirkt es edel? Sieht man, dass es Qualitätsware ist? Oder gibt es hier vor allem billige Klamotten? Im Web geht das genauso: Design, Sprache, Bilder – die Werte einer Marke erkennt man auf den ersten Blick.

Praxisbeispiel: Service vs. Preis
Vergleichen Sie einmal die Startseiten von mittwald.de und 1und1.de (Abb. 1). Beide Unternehmen sind Hosting-Anbieter. Mittwald stellt sich mit seinen Mitarbeitern ganz persönlich vor und macht direkt klar: Wir sind der Hostinganbieter

Abb. 1 Zwei Hosting-Anbieter – zwei völlig verschiedene Startseiten: Mittwald vs. 1&1. (Quelle: oben: Mittwald CM Service GmbH & Co. KG o. J.; unten: 1&1 Internet SE o. J.)

für Agenturen. Warum für Agenturen? Ganz einfach: Der persönliche Kontakt zu den Mitarbeitern (die etwas von der Materie verstehen) ist insbesondere für Agenturen wichtig, da diese häufig mit Webhostern kommunizieren.

1&1 hingegen stellt den Preis in den Vordergrund: DSL Internet & Telefon für 9,99 EUR und auf Wunsch einen Fernseher für sagenhafte NULL Euro. Der Call to Action („Zum Angebot") führt direkt in den Verkaufsprozess, der Service wird kaum erwähnt. Mittwald hingegen bietet erst einmal Informationen an, der Verkauf kommt später.

Einschränkend sei erwähnt, dass sich Mittwald an ein professionelles Publikum richtet und sich damit im B2B-Segment bewegt, während 1&1 seine Produkte überwiegend an Endkunden (B2C) verkauft. Für die „Schaufenster"-Betrachtung spielt das aber eigentlich keine Rolle. Als Anbieter müssen Sie sich in beiden Fällen darüber im Klaren sein, welche Werte Sie auf der Startseite kommunizieren wollen und womit ein Interessent Sie in Verbindung bringen soll.

Wie die Startseite aussehen sollte

Ihre Startseite darf dabei auch durchaus anders aussehen als die Unterseiten Ihrer Website. So können Sie zum Beispiel auf der Startseite ein großes Bild im Kopfbereich verwenden, auf den Unterseiten jedoch ohne Bilder und dafür mehr mit Text arbeiten. Wichtig ist nur, dass das Corporate Design eingehalten wird.

Stellen Sie Folgendes in Ihrem „Web-Schaufenster" aus:

- Ihr Angebot (Produkt/Dienstleistung)
- Den Nutzen bzw. die Problemlösung für Ihre Kunden (denken Sie an Ihre Persona und deren Engpass bzw. Problem aus den Tipps 47 und 25)
- Ihre Marke (vor allem, wenn Ihre Marke weniger bekannt ist). Wer sind Sie? Wofür stehen Sie (und wofür nicht)?
- Vertrauen bildende Logos/Bewertungen (falls Ihre Marke weniger bekannt ist)
- News wie Blogartikel oder Webinare
- Optional: Karriere oder andere wichtige Seiten
- SEO-Text (falls Ihre Startseite auf Keywords optimiert wird)

Machen Sie Ihr Schaufenster attraktiv, zeigen Sie, was Sie haben und was man bei Ihnen erwarten kann. Laden Sie zum Verweilen ein – genau wie der Modeladen, der Besucher anlockt und im Laden hält!

▶ **Extra Tipp** Mit Heatmaps oder Tools wie overheat.de können Sie auch prüfen, welche Elemente überflüssig sind oder nicht wahrgenommen werden und aufgrund der Ergebnisse Ihre Starseite neu gestalten. Lesen Sie mehr dazu in Tipp 33.

Tipp 22: Wählen Sie aussagekräftige Hauptüberschriften

„Herzlich Willkommen auf unserer Website!" Noch Anfang der 2000er Jahre wurde diese Phrase gerne für die Startseite der Website verwendet – und heute liest man sie tatsächlich immer noch hier und da. Entfernen Sie diese am besten. Denn eine inhaltsleere Floskel (wenn auch mit Sicherheit nett gemeint) ist für den Besucher Ihres Webauftritts vollkommen belanglos. Schlimmer noch: Sie verschenken damit eine wertvolle Gelegenheit, auf das aufmerksam zu machen, was Sie Ihren Lesern anbieten wollen.

Wir sind also wieder beim Thema Aufmerksamkeit. Erinnern Sie sich an Tipp 20? Innerhalb von nur drei Sekunden entscheidet der Besucher Ihrer Website, ob es sich lohnt, bei Ihnen zu bleiben und tiefer einzusteigen oder nicht. Er will wissen, was Sie anbieten und was Sie ihm vorschlagen können, um ein bestimmtes Problem zu lösen oder um ein Bedürfnis zu befriedigen. Genau das müssen Sie schon in der Überschrift klarmachen. Das gilt für Ihre Startseite ebenso wie für alle Unterseiten, für Blogartikel genauso wie für Inhalte auf Facebook, Twitter und anderen Social-Media-Kanälen. Kurz gesagt: Machen Sie neugierig, verführen Sie, ziehen Sie den Leser in Ihren Bann, bieten Sie Lösungen auf einen Blick. Dabei helfen Ihnen Schlüsselbegriffe wie zum Beispiel *Warum, Einfach, Top, Neu, Zukunft, Jetzt, So, Nur, Geheimnis* etc.

Hier ein paar einfache Grundsätze für gute Überschriften:

- **Verknappung:** „Nur noch vier von zehn Seminarplätzen verfügbar"
- **Ziel:** „In nur fünf Schritten zum perfekten Social Media Post"
- **Problemlösung:** „So werden auch Sie zum erfolgreichen Vertriebsprofi"
- **Emotion:** „Leben wie am Mittelmeer – Ihre neue Einrichtung wartet auf Sie"
- **Erklärung:** „Das große Geheimnis: Was können semantische Suchmaschinen?"
- **Geld:** „Sparen Sie bares Geld mit diesen Tipps für Ihr Suchmaschinenmarketing"
- **Spieltrieb:** „Welcher Unternehmertyp sind Sie? Mit diesem Quiz finden Sie es heraus."

Doch nicht nur für den Besucher Ihrer Website sind Überschriften relevant. Gleichzeitig sind sie auch hinsichtlich der Suchmaschinenoptimierung einer der wichtigsten Aspekte für die inhaltliche Optimierung. Schon in der Hauptüberschrift (in HTML als h1-Tag deklariert) müssen Sie das wichtigste Keyword unterbringen, damit Suchmaschinen Ihre Seite für diesen Schlüsselbegriff als relevant einstufen und in den Suchergebnissen weit oben anzeigen. Darin liegt die Kunst: den Spagat zu schaffen zwischen der Suchmaschinenoptimierung und einer ebenso emotionalen wie aufmerksamkeitsstarken Headline.

Die FORIS AG hat es auf den Unterseiten ihrer Website www.foris.com so gelöst: In schwarzer Schrift steht oben das Keyword „Vorratsgesellschaften", darunter, optisch leicht abgesetzt, eine aufmerksamkeitsstarke Überschrift (in HTML als h2-Tag deklariert), welche die Problemlösung für den Kunden impliziert, wie Sie in der Abbildung am Anfang des Tipps sehen können (siehe Abb. 2).

Es ist auf einen Blick erkennbar, worum es hier geht. Gleichzeitig wird mit dem Versprechen „Sofort handlungsfähig" ein entscheidender Vorteil kommuniziert, der eintritt, wenn ein Kunde das Angebot annimmt und sein Problem („Ich benötige eine Gesellschaftsform, die …") von diesem Anbieter lösen lässt. Und für die Suchmaschinenoptimierung funktioniert diese Überschrift allemal. Geben Sie doch einmal „Vorratsgesellschaften" bei Google ein …

VORRATSGESELLSCHAFTEN

SOFORT HANDLUNGSFÄHIG MIT DER GESELLSCHAFTSFORM, DIE SIE BENÖTIGEN.

Abb. 2 Überschriften der Website der FORIS AG. (Quelle: FORIS AG o. J.)

Tipp 23: Ihr guter Ruf – Sorgen Sie für einen positiven Eindruck

Reputation, Image, Ruf – nennen Sie es, wie Sie wollen, aber nehmen Sie es ernst. Für sich selbst sowieso, für Ihr Unternehmen erst recht. Das ist sicher keine Online-Weisheit, denn schon immer ist ein guter Ruf für den Erfolg eines Unternehmens entscheidend. Aber angesichts der Tatsache, dass sich Kommentare, Bewertungen und Meinungen (vor allem die negativen) heutzutage im Web rasant verbreiten, muss man auf seinen guten Ruf achtgeben (Abb. 3).

Haben Sie gute Bewertungen? Schreiben Magazine oder Blogger gut oder schlecht über Ihr Unternehmen? Wie sieht es mit den Kommentaren bei Facebook aus? Oder anders gefragt: Wenn Interessenten nach Ihrem Unternehmen suchen (in Google oder einer anderen Suchmaschine), welche Seiten werden als Erstes angezeigt? Das können Sie nicht beeinflussen, meinen Sie? Doch, können Sie! Indem Sie selbst auf allen Kanälen etwas für Ihr positives Image tun. Dann kann es sogar gelingen, negative Artikel zu verdrängen. Das ist kein Kinderspiel, aber es ist möglich.

Bleiben Sie am Ball

Schauen Sie sich regelmäßig an, was über Ihr Unternehmen gesagt und geschrieben wird – das verrät Ihnen nebenbei auch einiges über Ihre Zielgruppe. Schreiben Sie Blogartikel, aber nicht nur auf Ihrer eigenen Seite, sondern auf bekannten Blogs Ihrer Branche. Nehmen Sie Kontakt auf und bitten Sie darum, einen Gastartikel veröffentlichen zu dürfen. Richten Sie Profile auf Bewertungsportalen ein und nehmen Sie Stellung zu bestimmten Themen. Reagieren Sie auf Kommentare und versuchen Sie, die negativen Bewertungen sachlich und lösungsorientiert auszuräumen. Bedanken Sie sich aber auch für die positiven Bewertungen. Verfolgen Sie Branchenportale und beantworten Sie Fragen von Nutzern – aber bitte nicht werblich, sondern so, dass diese einen echten Vorteil daraus ziehen. Mehr zu Bewertungsportalen und Kundenstimmen finden Sie in den Tipps 41 und 42.

Bei alledem ist Zeit der Engpassfaktor Nummer eins, das gebe ich gerne zu. Das können Sie und Ihre Kollegen alleine oft nicht schaffen. Doch ähnlich wie

SENSATIONAL MARKETING Erfahrungen: 7 Erfahrungsberichte ...

https://www.kununu.com/de/sensational-marketing/kommentare ▾

★★★★★ Bewertung: 4,8 - 7 Rezensionen

Erfahre aus erster Hand, ob **SENSATIONAL MARKETING** als Arbeitgeber zu Dir passt. 7
Erfahrungsberichte von Mitarbeitern liefern Dir die Antwort.

Sensational Marketing Erfahrungen & Bewertungen - ProvenExpert.com

https://www.provenexpert.com/sensational-marketing/ ▾

★★★★★ Bewertung: 4,9 - 45 Rezensionen

Erfahrungen & Bewertungen zu **Sensational Marketing** (Leverkusen), Neukundengewinnung durch
Suchmaschinenmarketing - Sehen Sie sich das Profil auf ...

Abb. 3 Bewertungssterne von Sensational Marketing. (Google und das Google-Logo sind eingetragene Marken von Google Inc., Verwendung mit Genehmigung)

bei der SEO, beim Texten und vielen weiteren unternehmensrelevanten Leistungen gibt es auch für diese Aufgabe spezialisierte Agenturen, sogenannte Reputation Manager, die sich um nichts anderes kümmern als um den guten Ruf von Unternehmen im Web.

Tipp 24: Optimieren Sie Ihre Website-Navigation

Was ist „SEM", was soll ich unter „Direkt" verstehen? Sie wissen nicht, wovon ich spreche? So geht es vielen Websitebesuchern. Benennen Sie Ihre Navigationspunkte so, dass man sie versteht – mit klaren Bezeichnungen und ohne Abkürzungen helfen Sie dem Website-Besucher, statt ihn zu verwirren. Dazu gehört auch eine sinnvolle Reihenfolge in der Navigationsleiste. Von links nach rechts, von oben nach unten – das ist die Leserichtung Ihrer Website-Besucher. Platzieren Sie daher die wichtigsten Elemente Ihrer Website oben und links. Last but not least: Räumen Sie auf. Fünf bis höchstens neun Navigationspunkte gehören auf Ihre Website, sonst wird es schnell unübersichtlich.

Navigationselemente in die richtige Reihenfolge bringen

Es ist immer wieder erstaunlich – bei vielen Websites kommt das Wesentliche zum Schluss: Produkte, Leistungen, Angebote. Dafür wird am Anfang lang und breit das Unternehmen vorgestellt, das Kontaktformular verlinkt, Preise aufgeführt … Bis der Nutzer zum eigentlichen Kern vordringen könnte, ist er schon wieder weg, oder er hat seinen Bedarf längst vergessen. Nur bei Dienstleistungen sollten Sie Ihre Unternehmenspräsentation wie „Über uns" oder „Unternehmen" ganz nach vorne setzen, denn hier steht der Mensch im Fokus.

Zuerst überzeugen, dann informieren

In beiden Fällen müssen Sie zuerst den Nutzer davon überzeugen, dass er auf Ihrer Seite genau das findet, was er gesucht hat. Wenn er diese Frage mit Ja beantwortet, ruft er auch andere Seiten auf. Soll heißen: Zeigen Sie ihm zuerst, was Sie haben, und motivieren Sie ihn danach, sich über die „Rahmenbedingungen" zu informieren oder sich mit Ihnen in Verbindung zu setzen.

Unmissverständliche Bezeichnungen wählen

Fachausdrücke und/oder Abkürzungen haben in der Navigationsleiste nichts verloren. Einzige Ausnahme: Ihr Angebot ist so speziell, dass Ihre Zielgruppe genau weiß, wovon die Rede ist. Ansonsten ist es einfach nur frustrierend, wenn man nicht versteht, was sich hinter einem Menüpunkt verbirgt. Vor allem dann, wenn man etwas völlig anderes dahinter vermutet hat. Die Navigationsleiste verschafft Ihren Besuchern eine Übersicht über die Struktur Ihres Webauftritts und ermöglicht es, direkt jede (oder jede für wichtig erachtete) Unterseite anzusteuern. Eine schlechte Navigationsleiste kann dazu führen, dass Informationen, Dienstleistungen oder Produkte nicht gefunden werden, schlimmer noch: dass sich Nutzer genervt von Ihrer Seite abwenden und sich ärgern, weil sie ihre Zeit verschwendet haben.

Platz schaffen

Apropos Zeit. Niemand hat heute mehr Zeit. Jedenfalls nicht, um sich mühsam auf einer Website zurechtzufinden. Intuitiv navigiert der User durchs Netz, er hat bestimmte Erwartungen, er will, dass sich alles leicht erschließt und die Bedienung einfach ist. Innerhalb weniger (!) Sekunden entscheidet er, ob er auf einer Website bleibt oder wegnavigiert. Behalten Sie diesen Nutzer immer vor Ihrem inneren Auge. Machen Sie es ihm leicht. Räumen Sie Hindernisse aus dem Weg. Das gilt für die gesamte Website, vor allem aber für die Navigation. Entfernen Sie daher alles Unnötige und verschieben Sie es lieber in ein Untermenü. Kennen Sie die Miller'sche Zahl? Sie stammt aus dem Jahr 1956 und gilt natürlich nicht nur für die Navigation einer Website. Sie geht zurück auf den Psychologen George Armitage Miller (1920–2012) und beschreibt den Umstand, dass sich Menschen kurzfristig nur 7 ± 2 Informationseinheiten gleichzeitig merken können (Miller 1956). Miller hat dazu einen umfassenden Artikel geschrieben. Für Sie reicht es zu wissen: Fünf bis höchstens neun Navigationselemente sollten es sein.

Verhalten nachverfolgen

Natürlich kann man nicht immer von pauschalen Verhaltensweisen ausgehen. Mithilfe von Mouse Tracking (siehe Tipp 33) können Sie überprüfen, ob die Reihenfolge angenommen wird oder die Besucher trotzdem als Erstes ein anderes Element wählen. Des Weiteren können Sie feststellen, ob die Nutzer unter einem Navigationselement etwas anderes verstanden haben, also auf das Element klicken und direkt wieder zurückgehen oder eine ganz andere Seite ansteuern.

▶ **Extra-Tipp** Verlinken Sie Ihr Logo mit Ihrer Startseite, machen Sie es also anklickbar. Diese Funktion macht mittlerweile sogar den Link „Startseite" oder „Home" in der Navigationsleiste überflüssig. Besonders jüngere Zielgruppen kennen es gar nicht anders. Wenn Sie unsicher sind, probieren Sie beide Versionen mithilfe eines Mouse Trackings aus. Wenn das Element „Startseite" entfernt wurde, wird dann noch der Weg zur Startseite über das Logo gefunden? Wenn ja, dann haben Sie ein Navigationselement gespart und können den Fokus umso mehr auf Ihre Produkte oder Dienstleistungen lenken.

Tipp 25: Betreiben Sie fokussiertes Content-Marketing – mit der SMILE-ECM®-Strategie

Content-Marketing – das Produzieren von Inhalten zur Verkaufsförderung – ist in aller Munde. Geschichten erzählen, nützliche, werthaltige Texte und Videos herstellen, um die Probleme und Bedürfnisse Ihrer Kunden und Website-Besucher zu lösen und zu befriedigen – das ist es, woraus die Marketing-Erfolge der Zukunft gestrickt sein sollen.

Fehlende Fokussierung
Warum aber gelingt es so wenigen Unternehmen, Content-Marketing erfolgreich zu betreiben? „Wir machen Content-Marketing, erhalten aber kaum Kontaktanfragen über die Website oder Likes in den Sozialen Medien." Diese und ähnliche Aussagen habe ich bei meinen Kunden oft gehört, und ich glaube, zumindest einen Teil des Problems zu kennen: Die fehlende Fokussierung ist Schuld an dem Dilemma.

Denn da wird schnell irgendein E-Book erstellt, einfach „mal eben" ein Video gedreht, weil man gehört hat, dass Content-Marketing aktuell das Hype-Thema Nummer eins ist. Alle machen es, der Wettbewerber macht es, also mache ich es auch! Aber: Es fehlt die Einzigartigkeit. Es fehlt die Emotion. Es fehlen Konzept und Kontinuität. Und vor allem fehlt eines: der Fokus. Bevor Sie also überhaupt in Betracht ziehen, Content-Marketing zu betreiben, fragen Sie sich: Welche Bedürfnisse haben meine Kunden? Was bekommen meine Leser bei mir, was sie anderswo vergeblich suchen? Und was sind ihre wahren, ihre emotionsgeladenen Probleme?

EKS® – Engpasskonzentrierte Strategie

Lange vor Digitalisierung und Content-Marketing hat sich der Betriebswirt, Systemforscher und Autor Wolfgang Mewes (1924–2016) dieser emotionalen Probleme angenommen und eine Strategie entwickelt, die auf einem einfachen Prinzip basiert: Werde die Nummer eins in einer kleinen Nische und löse dort die Probleme deiner Kunden, und zwar mit einer innovativen Idee und möglichst als alleiniger Anbieter. Mewes (1985) nannte dies die „Engpasskonzentrierte Strategie" (EKS®) und schuf damit den Grundstein für eine neue Betrachtung von Markt und Wettbewerb, die vor allem von einer Frage geprägt ist: Welchen Nutzen hat mein Tun?

Größtes Problem: Rückenschmerzen

So manches erfolgreiche Unternehmen arbeitet nach EKS®, unter anderem Kieser-Training unter dem Slogan „Spezialist für gesundheitsorientiertes Krafttraining". Der Unternehmensgründer Werner Kieser eröffnete schon 1966 in Zürich sein erstes Fitnessstudio und verschrieb sich von Anfang an einer puristischen Ästhetik und einem reduzierten Angebot. Sauna, Bar, Musik, Fitness-Kurse – all dies sucht man in den Kieser-Studios vergebens. Stattdessen: zweimal pro Woche 30 min reines Training an Fitness-Geräten. Selbst als andere Fitnessstudios wie Pilze aus dem Boden schossen, blieb Kieser sich treu, und anstatt den anderen nachzueifern, fokussierte er sein Konzept auf das größte und brennendste Problem seiner Zielgruppe: Rückenschmerzen. Heute ist Kieser *der* Spezialist für Rückentraining (Friedrich et al. 2009). Nicht mehr, vor allem aber auch nicht weniger. Der Erfolg gibt ihm und der EKS® Recht: Es lohnt sich, aus Kundenproblemen eine Nische zu generieren.

Content-Marketing + EKS® = SMILE ECM®

Diese engpasskonzentrierte Strategie fand ich so faszinierend, dass ich 2013 auf die Idee kam, EKS® mit Content-Marketing zu verbinden und eine neue Herangehensweise an das viel zitierte Marketinginstrument zu entwickeln. Herausgekommen ist die Marke SMILE ECM® (ECM = Engpasskonzentriertes Content-Marketing). Ihr Konzept, wen sollte es überraschen, ist so einfach wie erfolgreich: Mit Content-Marketing in einer bestimmten Nische die drängendsten Probleme anzugehen, die emotionalen Sorgen von Kunden ernst zu nehmen, Lösungen zu schaffen und gleichzeitig Aufmerksamkeit zu erregen.

SMILE ECM® im Einsatz

SMILE ECM® habe ich bereits erfolgreich eingesetzt, und zwar für meine Markendienstleistung libotel.de: Ein enormes und drängendes Problem der Hotelbranche ist ihre Abhängigkeit von Buchungsportalen. Mehr als 15 % Provision (in Regionen wie Köln oder Berlin teilweise auch mehr als 35 %) zahlen Hoteliers pro Buchung an die Portale. Kein Wunder, dass die Emotionen im Hotelgewerbe hochkochen. Mit diesem Problem und den damit einhergehenden Emotionen im Kopf führte ich mit libotel.de eine Studie durch: „Übermächte Booking.com & HRS – Wie Buchungsportale & Meta-Suchmaschinen den Suchmarkt beherrschen". Die Studie steht für Sie unter http://bastiansens.de/outlibotel zum Download bereit.

Damit war der Content erstellt, der sich eines der meistdiskutierten Probleme der Branche annahm. Jetzt galt es, mit libotel.de Aufmerksamkeit zu schaffen. Durch folgende Maßnahmen wurde die Studie verbreitet:

- Facebook-Werbung: gezielte Ansprache von Hoteliers
- Google-AdWords-Anzeigen: für die Keywords rund um Hotel und Online-Marketing
- Pressemitteilung: Versand an Redakteure in den Bereichen Hotel, Tourismus und Online-Marketing (vorher die Redakteure auf den Websites recherchiert und persönlich angeschrieben bzw. später nachgefasst)
- Blogartikel publiziert

Der Erfolg war riesig: Die umfangreiche Studie traf 2013 den Nerv der Hotelbranche. Auf 17 themenrelevanten Online-Portalen wurde ein Artikel veröffentlicht. Selbst der europäische Dachverband des Gaststättenwesens HOTREC, der immerhin die Interessen von zahlreichen Mitgliedsverbänden aus 27 EU-Staaten gegenüber den EU-Institutionen repräsentiert, verfasste eine Stellungnahme zum gerichtlichen Prozess mit Google auf Basis der Studie. Der sehr angenehme Nebeneffekt, auf den es letztendlich ankam: Wir haben darüber zahlreiche Backlinks bekommen und entscheidend an Bekanntheit gewonnen!

Betreiben Sie Content-Marketing mit SMILE ECM®

In der Tat hat Content-Marketing im Kommunikationsmix Ihres Unternehmens also einen Spitzenplatz verdient. Erstellen Sie Videos für YouTube und Präsentationen für Slide-Shares, posten Sie Bilder auf Pinterest oder Instagram, erstellen Sie Studien, Blogartikel und E-Books für Ihre Website und nutzen Sie alle Kanäle, die Ihnen für eine Bekanntmachung Ihres Contents zur Verfügung stehen. Welche Portale Ihre Zielgruppe im Internet nutzt, erfahren Sie in Tipp 52 – setzen Sie im Kern auf diese Kanäle für die Verbreitung. Behalten Sie generell immer

Ihren Fokus: die Lösung der drängendsten Probleme der Zielgruppe in Ihrer Nische. Die SMILE ECM®-Methode hilft Ihnen dabei

Tipp 26: Win-win-Tausch! E-Book gegen …

Mehr denn je müssen Unternehmen heute auf ihrer Website überzeugen, statt einfach nur zu informieren. Interessenten wollen wissen, mit wem sie es zu tun haben und ob ein Anbieter wirklich ein Experte und Problemlöser und damit der richtige Geschäftspartner ist. Zugegeben, diese Überzeugungsarbeit kann mühselig sein, gehört aber zum Marketing, insbesondere im Online-Bereich, unbedingt dazu.

E-Books als Marketing-Tool
Mit E-Books, also elektronischen bzw. digitalen Büchern, können Sie Ihre Expertise auf einfachem, aber effizientem Wege zeigen. E-Books liefern Informationen in gut aufbereiteter und leicht lesbarer Form, sind aber – und das verwechseln leider immer noch viele E-Book-Autoren – keine Werbung. Vielmehr enthalten E-Books nützliche und für den Leser lösungsorientierte Inhalte. Hintergrundwissen, Ratschläge, Anleitungen, Tipps und Tricks – das ist der Content, aus dem ein gutes E-Book als Marketing-Tool gemacht ist.

Nützliche Inhalte
Die Kunst besteht darin, zwar viele nützliche Informationen preiszugeben (die man nicht überall findet), aber keine „Geheimnisse" zu verraten. Das Ziel ist klar: Sie als Autor positionieren sich als Experte mit der unausgesprochenen Einladung, Sie zu kontaktieren, um ein bestimmtes Problem zu lösen. Ein E-Book über die Möglichkeiten der Pressearbeit in kleinen und mittleren Unternehmen etwa enthält die Hoffnung, dass jemand einen entsprechenden Workshop bucht. Ein E-Book über die aktuellen Trends der Suchmaschinenoptimierung führt vielleicht zu einem Auftrag, die SEO für ein Unternehmen komplett und professionell zu übernehmen. Durch das im E-Book präsentierte Detailwissen soll dem Leser auch bewusst werden, wie komplex ein Thema ist und dass er gut beraten ist, wenn er sich einen Profi für diese Aufgabe sucht.
Gute Beispiele für E-Books sind:

- Checkliste für den Firmenumzug von Immobilienscout24: http://bastiansens. de/outimmo
- SEO-Anforderungen für Website-Relaunches von Sensational Marketing: http://bastiansens.de/outrelaunch

- Vegan Grillen: http://bastiansens.de/outvegan
- Online-Shop-Optimierung: http://bastiansens.de/outshop
- Tipps zu WordPress und Typo3: https://www.mittwald.de/campus

Ein Wort zur Gestaltung

Was die Gestaltung betrifft, so sollten E-Books ansprechend, aber nicht allzu bunt oder mit aufwendiger Grafik versehen sein. Bedenken Sie, dass viele Besucher mobil auf Ihre Website und Ihr E-Book zugreifen, Tendenz steigend. Ein klares Layout und eine Schriftgröße, die auch mobil noch funktioniert, sind daher angebracht. In erster Linie müssen die Texte gut lesbar und leicht zu konsumieren sein. Überschriften, Zwischenüberschriften, Absätze, klar strukturierte Texte – alles, was auch sonst für gute Texte gilt, trifft auch auf das E-Book zu.

E-Book im Tausch gegen …

Wenn Sie ein E-Book verfasst haben, dann bieten Sie es auf Ihrer Website zum Download an. Dies kann auf verschiedene Arten geschehen:

- **E-Book direkt zum Download:** Der Interessent kann das E-Book mit Klick auf einen Button sofort herunterladen.
- **E-Book gegen Newsletter-Bestellung:** Der Nutzer bekommt das E-Book erst, wenn er Ihren Newsletter bestellt hat. Er erhält eine automatische Bestätigungs-E-Mail mit einem Link zum E-Book.
- **E-Book gegen Facebook-Share oder Tweet** (zum Beispiel mithilfe von Paywithatweet): Der Interessent bekommt das E-Book erst dann, wenn er auf Facebook oder Twitter einen bestimmten Beitrag teilt. Diesen Beitrag können Sie ihm vorher vorschlagen.

Am meisten verbreitet ist die Registrierung für einen Newsletter, aber es ist auch oft abhängig vom Thema und von der Zielgruppe, ob die eine oder die andere Methode besser ist. Entscheiden Sie selbst, welche Sie wählen wollen, oder testen Sie einfach alle drei Methoden, um herauszufinden, welche am besten funktioniert.

Tipp 27: Bloggen Sie – aber richtig!

So ein Blog ist ja eine feine Sache: Hier können Sie nach Herzenslust Nachrichten aus Ihrem Unternehmen veröffentlichen, aktuelle Themen aufgreifen, Fachbeiträge schreiben und sich als Spezialist Ihrer Disziplin präsentieren. Dazu kommt, dass Ihre Seite in der Gunst der Suchmaschinen steigt. Denn Google und

Co. sind dazu da, dem User die besten und aktuellsten Inhalte zu liefern. Wo, wenn nicht auf ständig aktualisierten Seiten, sollten sie besser fündig werden?

Ausgestorbene Blog-Landschaften
Soweit die Theorie. In der Praxis sieht es leider auf vielen Websites anders aus, nämlich so: Letzte News vor einem Jahr. Vielleicht sogar vor zwei. Was geht Ihnen durch den Kopf? Bestenfalls, dass das Unternehmen so viel zu tun hat, dass es nicht dazu kommt, neue Artikel zu schreiben. Im weniger günstigen Fall aber denken Sie: „Wie unprofessionell." Schlimmstenfalls vermuten Sie als Besucher sogar, dass es das Unternehmen gar nicht mehr gibt.

Ja, jetzt können Sie sagen: Worüber soll ich denn bitte schreiben? Wetten, dass Sie locker zehn bis 15 Themen finden, die Sie in Ihrem Blog bearbeiten könnten? Die müssen Sie dann nur noch in einen Redaktionsplan eintragen und nach und nach abarbeiten. Das können Sie mit Excel machen oder mit einem Online-Tool, wie zum Beispiel http://scompler.com/. Es ist wirklich einfach.

Bleiben Sie aktiv
Wenigstens ein Artikel im Monat. Das schaffen Sie! Berichten Sie über fachliche Themen und positionieren Sie sich als Experte. Schreiben Sie über Ihren Standpunkt, Ihre Perspektive, Ihre Meinung zu aktuellen Entwicklungen. Lösen Sie die Probleme Ihrer Kunden. Greifen Sie Anfragen auf und beantworten Sie sie in einem allgemeinen Artikel. Geben Sie Tipps und Ratschläge nach dem Motto: „So können auch Sie …" oder „10 Schritte zum richtigen …" etc. Schauen Sie dazu auch in die Tipps 22 und 25.

Berichten Sie von Events, etwa von Ihrem Firmenjubiläum, von einem Messebesuch oder einer eigenen Messeteilnahme. Oder lassen Sie einfach mal Ihre Praktikanten über den ersten Tag bei Ihnen berichten. Gerade die etwas lockeren Blogartikel kommen gut an, weil sie einen Einblick in Ihr Unternehmen gewähren und Ihnen eine persönliche Note geben. Auch Gastartikel sind eine gute Möglichkeit, Inhalte für Ihren Blog zu generieren. Angenehmer Nebeneffekt: Der Gastautor kann auf diese Weise ebenfalls bekannter werden.

Noch ein Wort zur Suchmaschinenoptimierung (SEO)
Mit jedem Artikel steigt Ihre Chance, von den Suchmaschinen gefunden zu werden. Wenn Sie es dann noch schaffen, die Artikel nach den Regeln der SEO zu schreiben, steigt diese Chance noch einmal. Für alles, was Sie in Ihrem eigenen Blog publizieren, können Sie in Google gefunden werden. Ich rate daher jedem Unternehmen zu einem Blog, der sozusagen als Schaltzentrale dient. Der eigene

Unternehmensblog, auch „Corporate Blog" genannt, bietet den zusätzlichen Vorteil, dass Sie die komplette Kontrolle über die Inhalte haben – übrigens auch über die Kommentare. Das ist bei externen Plattformen anders. Wussten Sie zum Beispiel, dass alles, was Sie auf Ihrer Facebook-Firmenseite posten, nicht Ihnen, sondern Facebook gehört? Facebook könnte theoretisch Ihre Seite sperren, und alle Inhalte wären verschwunden. Daher sollten Sie längere Artikel auf Ihrem Blog publizieren und dann auf Facebook verlinken – am besten natürlich mit einem aussagekräftigen Bild und einem kurzen, individuellen Teaser, der zum Weiterlesen, sprich: zum Klicken animiert.

Machen Sie es richtig!

Wenn Sie jetzt immer noch sagen: „Das schaffe ich einfach nicht", dann schaffen Sie Ihren Blog ab bzw. gar nicht erst an. Dann nutzten Sie besser nur Facebook als Kommunikationskanal – aber das auch bitte regelmäßig. Ich ermutige Sie dennoch, den Blog wenigstens einmal auszuprobieren. Überprüfen Sie, was sich für Sie lohnt und was nicht. Entscheiden Sie selbst, aber wenn Sie einen Kommunikationskanal im Web nutzen, dann machen Sie es richtig und bleiben Sie konsequent.

Tipp 28: Schreiben Sie fesselnde Texte – für Ihre Zielgruppe!

Sind wir dümmer als Goldfische? Vielleicht nicht dümmer, doch Goldfische haben eine längere Aufmerksamkeitsspanne als Menschen – das fand Microsoft in einer Studie heraus (Microsoft Canada 2015). Das bedeutet für uns zweierlei: Wir müssen die Aufmerksamkeit unserer Leser fesseln und gleichzeitig unsere Texte übersichtlich gestalten.

Scan and Skim

Weitere Studien wie *„The Eyetracking Evidence"* zeigen, dass Web-User nicht mehr lesen – Sie scannen nur noch (Pernice et al. 2014). Wenn sie innerhalb der ersten wenigen Sekunden <u>nicht</u> die gewünschten Informationen finden, springen sie ab. Sie haben Ihre Chance vertan. Eine zweite bekommen Sie wahrscheinlich nicht mehr.

Nur wenn Sie Ihre Leser fesseln und Relevantes auf den ersten Blick sichtbar machen, bleiben diese und lesen genauer. Sie werden versuchen, alles Wichtige und Relevante für sich abzuschöpfen – daher auch die Bezeichnung „Skimmen". An sich sind diese Informationen nicht neu. Aber die Tendenz, Webseiten nur zu überfliegen und sich einzelne Wörter und Passagen herauszupicken, prägt sich angesichts einer wachsenden Flut an online verfügbaren Informationen mehr und mehr aus. Jeder von uns weiß das, denn wir alle sind in erster Linie Leser und nicht Schreiber. Doch obwohl wir das wissen, finden wir sie in Hülle und Fülle: Websites mit ellenlangen, unstrukturierten Texten ohne jeden Leseanreiz voller komplizierter Schachtelsätze, Passivkonstruktionen und Wortungetümen.

Machen Sie es anders: Sagen bzw. schreiben Sie einfach. Schreiben Sie verständlich. Schreiben Sie so, dass der Leser weiterlesen will. Vor allem im Web müssen Sie Ihre Leser fesseln und in Ihre Texte „hineinziehen". Denn die Besucher Ihrer Unternehmenssite sollen bei Ihnen bleiben, bei Ihnen stöbern, lesen, kaufen. Ihre Website ist einer Ihrer wichtigsten Vertriebskanäle – Texte über Ihre Produkte oder Ihre Dienstleistungen sind Ihr Vertriebsinstrument. Tun Sie alles, um diesen Kanal so attraktiv wie möglich zu machen.

Schreiben Sie für Ihre Zielgruppe
Dazu gehört allerdings, dass Sie zuerst einmal Ihre Zielgruppe kennen und deren „Sprache" sprechen. Ein junges, hippes Publikum müssen Sie selbstverständlich anders adressieren als Entscheider in einem technischen Bereich. Ein Reiseveranstalter muss anders schreiben als ein Maschinenbauer, eine Werbeagentur anders als ein Handwerksbetrieb etc.

Tipps für lesbare Texte
Folgende Regeln für gute Texte (die zum Teil natürlich für Print und Online gleichermaßen gelten) sollten Sie jedoch immer beachten:
    Strukturieren Sie Ihren Text:

- Wählen Sie aussagekräftige Überschriften.
- Strukturieren Sie mit Zwischenüberschriften.
- Heben Sie Textteile hervor, aber gezielt und sparsam.
- Verwenden Sie Aufzählungen mit Aufzählungszeichen.

    Erleichtern Sie das Lesen:

- Suchen Sie eine gut lesbare Schrift aus.
- Vermeiden Sie Schachtelsätze.
- Schreiben Sie kurz und prägnant.
- Schreiben Sie höchstens neun Zeilen pro Absatz.
- Schreiben Sie höchstens zwölf bis 15 Wörter pro Satz.

Schreiben Sie für Ihre Zielgruppe:

- Schreiben Sie für Ihre Kunden: mehr „Sie" als „ich" oder „wir".
- Schreiben Sie aktiv: „... finden Sie hier" statt „... können bei uns erworben werden".

Prüfen Sie Ihre Webtexte, optimieren Sie bestehende Texte und schreiben Sie neue Texte ab jetzt anhand dieser Kriterien, Wenn Sie diese wenigen Dinge beachten, werden Sie mehr Besucher dazu bringen, Ihre Texte zu lesen. Unterschätzen Sie nicht die Wirkung von Texten und deren Bedeutung für Ihren Vertrieb. Holen Sie sich gegebenenfalls Unterstützung von einem professionellen Texter.

Tipp 29: Stellen Sie um auf mobilfreundliches Design

Um zu erkennen, dass die meisten Menschen mobil im Web surfen, braucht man keine Umfragen und auch keine Studien. Es reicht, vor die Tür zu gehen. 2007 gelang Apple mit seinem ersten iPhone der Durchbruch in der Smartphone-Branche. Seitdem hat sich das Surfverhalten stark geändert, wir sind ständig mit dem Internet verbunden und surfen hauptsächlich mobil.

Bleiben Sie attraktiv

Doch leider gibt es sie immer noch in Hülle und Fülle: Websites, die man auf einem Smartphone kaum noch erkennt und bei denen man, um bestimmte Inhalte anzuzeigen, erst hinein- und dann wieder hinauszoomen muss. Seien Sie ehrlich: Das nervt Sie auch, oder? Dann machen Sie es für Ihre eigene Website anders. Unbedingt!

Falls Sie schon eine Website haben, die für den mobilen Gebrauch optimiert ist, können Sie direkt zum dritten Punkt dieses Tipps springen und erfahren, wie Sie Ihre mobile Site dem Verhalten der User anpassen. Aber halt! Prüfen Sie zuvor noch, ob sie auch wirklich mobiltauglich ist – mit dem einfachen Mobile-friendly-Test von Google: http://bastiansens.de/outmobile.

Mobil mit dem responsiven Design

Responsives Design ist die Antwort auf die steigende Nutzung von Smartphones und Tablets. Es bedeutet, dass sich eine Website dem Gerät anpasst, mit dem sie aufgerufen wird. Durch eine Programmierung, die heute längst Standard ist, werden die einzelnen Inhalte so angeordnet, dass die Website quasi von selbst erkennt, welche Bildschirmgröße ihr gerade zur Verfügung steht. Desktop, Tablet Smartphone – ganz egal, welches Endgerät der Nutzer verwendet, die Inhalte werden immer optimal angezeigt. Längst haben sich Ihre Kunden auch daran gewöhnt, dass sich das Menü auf mobilen Geräten heute hinter drei waagrechten Strichen verbirgt. Alles total easy. Es besteht also kein Grund mehr, auf einen mobilen Webauftritt zu verzichten.

Mobilfreundlichkeit als SEO-Bewertungsfaktor
Erst recht nicht, weil auch Google das mobile Web-Zeitalter gründlich vorantreibt und eine mobiltaugliche Seite inzwischen als mobilen Ranking-Faktor einstuft. Das heißt: Wenn Ihre Seite nicht dazu geeignet ist, Ihre Inhalte nutzerfreundlich auch auf mobilen Endgeräten zu präsentieren, dann findet Ihr Unternehmen in der mobilen Web-Welt einfach nicht statt. Logische Konsequenz: Ihre Kunden und solche, die es werden könnten, finden Sie beim mobilen Surfen nicht, was wiederum zur Folge hat, dass Ihre Website auch insgesamt nicht als sonderlich relevant eingestuft wird und Sie im Ranking abfallen. Ein responsives Design ist demnach ein entscheidender Aspekt Ihrer Suchmaschinenoptimierung.

Passen Sie Ihre mobile Website dem Verhalten Ihrer Besucher an
Wir surfen überall: Unterwegs in der Bahn, zu Hause auf dem Sofa, im Büro am Desktop-PC. Und immer surfen wir anders. Mal sind wir entspannt, suchen Schuhe, ein Möbelstück, Elektronik, ein Buch – dann wieder muss es schnell gehen, denn wir brauchen jetzt sofort eine Info, eine Telefonnummer, eine Adresse. Das Surfverhalten variiert von Branche zu Branche teilweise ganz erheblich. Es ist daher sinnvoll, das Userverhalten einmal genauer unter die Lupe zu nehmen und herauszufinden, welche Unterseiten mobil vermehrt aufgerufen werden. Das können Sie in Google Analytics leicht herausfinden:

- Gehen Sie in Ihrem Analytics-Bericht auf der linken Navigationsleiste auf „Verhalten – Websitecontent – Alle Seiten".
- Klicken Sie in der Mitte oben auf „Alle Nutzer" – es öffnet sich eine Liste mit weiteren Segmenten (hier können Sie einstellen, welche Besuchertypen Sie analysieren möchten).
- Entfernen Sie das Häkchen bei „Alle Nutzer" und setzen Sie stattdessen ein Häkchen bei „Zugriffe über Mobiltelefone" und bei „Zugriffe über Tablets und Desktops".

Nun sehen Sie im Vergleich Mobile zu Desktop bzw. Tablet, welche Seiten prozentual häufiger aufgerufen werden, wo höhere Absprungraten oder auch niedrigere Verweilzeiten zu verzeichnen sind. All das sind Anhaltspunkte für Ihre Analysen – und entsprechende Maßnahmen.

Praxisbeispiel

Die Analyse der mobilen Website eines unserer Kunden ergab, dass die mobilen Nutzer häufig die Kontaktseite aufriefen. Daher haben wir in der mobilen Navigationsleiste ein Telefon-Symbol eingefügt, auf das der Nutzer einfach nur klicken musste, um das Unternehmen sofort anzurufen. Den umständlicheren Weg über das Kontaktformular konnte er sich somit sparen. Diese kleine Maßnahme war in doppelter Hinsicht ein Erfolg, denn sie hat nicht nur zu einer höheren Nutzerfreundlichkeit geführt, sondern dem Kunden auch noch deutlich mehr Anrufe, sprich: konkrete Kundenkontakte, gebracht.

▶ **Extra-Tipp** Auch wenn es in manchen Branchen aktuell noch üblich ist, dass vermehrt via PC gesurft wird, wird sich das ändern. Behalten Sie das Thema im Auge und verpassen Sie die Umstellung auf responsives Design nicht.

Tipp 30: Eine runde Sache – Nutzen Sie den Footer Ihrer Website

Sie haben spannende Inhalte auf Ihrer Website? Das will ich hoffen. Die Texte lesen sich gut und halten Lösungen für die Probleme und Bedürfnisse Ihrer Kunden bereit? Prima! Doch irgendwann kommt der Nutzer am Ende der Website an. Und dann? Klare Sache: Dann muss er weitere Angebote und Hilfestellungen erhalten. Bieten Sie ihm verschiedene Alternativen an – zusätzliche Informationen, die Möglichkeit, Kontakt mit Ihnen aufzunehmen, Vertrauen bildende Maßnahmen, eine zusammenfassende Übersicht in Form einer Site-Struktur etc. Im Footer, also im Fußbereich, haben Sie zahlreiche Optionen, um Interessenten auf Ihrer Website zu halten. Nutzen Sie sie.

Welche Elemente Sie schließlich integrieren und welche nicht, bleibt selbstverständlich Ihnen überlassen. Und vielleicht kommen Ihnen ja auch noch zusätzliche Ideen, schließlich kennen Sie Ihr Business viel besser als ich. Wichtig ist, dass Sie auch die Inhalte im Footer gut strukturiert und nutzerfreundlich präsentieren. Ich persönlich halte einige Elemente für obligatorisch (Must have), andere für optional (Nice to have).

Must haves:

- Vertrauensbildende Logos und Siegel, zum Beispiel von einem Verband oder ein TÜV-Zertifikat
- Links zu weiteren Unterseiten Ihrer Website, auf denen der Kunde zusätzliche Dienstleistungen, Produkte oder Service-Angebote findet

- Ihre Kontaktdaten
- Link zu Ihrer Impressum- und Datenschutz-Seite
- Link zu Ihrer „Über uns"-Seite

Nice to haves:

- Bewertungssiegel (zum Beispiel Trusted Shops)
- Social Media Buttons
- Möglichkeit, sich für einen Newsletter anzumelden
- Teaser eines aktuelle Blogbeitrags (verlinkt)
- Ihre Standorte mit Kontaktdaten
- Partner-Websites (externe Verlinkungen)
- Kurzporträt Ihres Unternehmens
- Sitemap
- Link zu FAQ

Exkurs: Ein Wort zum Copyright-Zeichen ©
In den letzten Jahren hat sich in Deutschland immer mehr das Copyright-Zeichen auf Websites eingeschlichen. Der Ursprung liegt in den USA, wo viele Website-Templates entstanden sind – Vorlagen, die man für das eigene Unternehmen anpasst und so schnell ein schickes Design für wenig Geld erhält. In diesen Templates befindet sich automatisch ein Copyright-Zeichen, weil es in den USA vorgeschrieben ist. Ursprünglich war das Zeichen © ein Beleg dafür, dass man ein bestimmtes Werk beim Copyright-Register angemeldet und hinterlegt hatte. Für das deutsche Recht allerdings ist das Copyright-Zeichen unerheblich und damit auf Ihrer Website überflüssig, denn es schützt Ihre Inhalte nicht. In Deutschland entsteht das Urheberrecht an einem Werk automatisch und ohne Anmeldung oder Hinterlegung (Schirmbacher 2011). Also weg mit dem Copyright-Zeichen. Nutzen Sie den Platz im Footer lieber für wesentliche Dinge.

Tipp 31: Entrümpeln Sie Ihre Website

Man müsste mal ausmisten. Den Keller, den Kleiderschrank, den Rollcontainer … Weg mit dem ganzen Zeug, das niemand braucht, das ein Jahr nicht getragen wurde oder seit zehn Jahren im hintersten Winkel der oberen Schublade ein einsames Dasein fristet. Es raubt alles Platz und Zeit – wenigstens gedanklich, denn man müsste ja mal …

Ganz ähnlich sieht es auf vielen Websites aus. Sie sind hoffnungslos überfrachtet – hier noch eine Unterseite, da noch ein Menüpunkt, dort noch eine tiefer liegende Seite. Und wenn es ganz dicke kommt, dann wird auch noch eine zweite oder sogar dritte Navigationsleiste eingeführt. Da müsste man mal ausmisten.

Fokussierung

Prüfen Sie Ihre Website: Welches Ziel verfolgen Sie? Was soll der Besucher primär auf Ihrer Website und jeder einzelnen Unterseite machen, erfahren, durchführen? Das kann eine Kontaktanfrage sein, eine Newsletter-Anmeldung oder auch eine Produktbestellung. Steht dieses Ziel immer im Vordergrund? Oder kommt man durch diverse Ablenkungen davon ab? Entfernen Sie alle ablenkenden Elemente. Gönnen Sie Ihrer Website einer Verschlankungskur, und seien Sie dabei ruhig selbstbewusst und mutig.

Logischer Aufbau

Geben Sie beim Einstieg nicht direkt Detailinformationen preis, sondern führen Sie die Besucher in Ihre Website. Kurz, bündig, übersichtlich. Alle Elemente müssen logisch aufeinander aufbauen und möglichst zur Konversion führen. Berücksichtigen Sie das AIDAL-Modell aus Tipp 49: Aufmerksamkeit erzeugen, Interesse wecken, Verlangen auslösen – und: Action!

Entfernen Sie Unterseiten

Prüfen Sie mit Google Analytics oder mit Ihrem bevorzugten Webtracking-Tool, welche Unterseiten in den letzten Monaten kaum Aufrufe verzeichnet haben. In Google Analytics können Sie dies unter „Verhalten – Website-Content – Alle Seiten" analysieren: Filtern Sie die Ergebnisse oder lassen Sie sich (rechts unten) mehr Zeilen anzeigen und prüfen Sie die Seitenaufrufe. Webseiten mit weniger als zehn Besuchen in den letzten sechs Monaten können Sie getrost entfernen. Bedenken Sie: Auf den ersten Blick sind alle Unterseiten auf dem gleichen Rang. Ein Besucher kann nicht schnell entscheiden, welche wichtig sind und welche nicht. Je mehr Unterseiten er wählen kann, desto größer ist die Gefahr, dass er sich verzettelt und sein Ziel nie erreicht.

Stehlen Sie Ihren Besuchern nicht die Zeit

Räumen Sie auf. Misten Sie aus. Entfernen Sie Überflüssiges. Denn damit stehlen Sie Ihren Kunden die Zeit. Ihre Webbesucher wollen effizient ein Ziel erreichen, das sie mit dem Aufrufen Ihrer Website verfolgen. Helfen Sie ihnen, auf kurzen Wegen genau dorthin zu kommen: ans Ziel. Denn wenn ein User vor lauter

Möglichkeiten, Unterseiten und Klickoptionen die Ziellinie nicht erkennen kann, „verläuft" er sich und bricht sein Vorhaben kurzerhand ab.

Tipp 32: Die perfekte Landing Page für Ihre Google-AdWords-Anzeigen

Mit Google-AdWords-Anzeigen können Sie innerhalb kurzer Zeit Ihre Zielgruppe effizient erreichen. Doch was findet ein Besucher bei Ihnen, wenn er auf die Anzeige klickt? Bei den meisten Anbietern offensichtlich nicht das, was er sucht oder erwartet – oder wie sonst soll man sich Konversionsraten (Kontaktaufnahme, Informationsanfrage, Kauf etc.) erklären, die bestenfalls bei drei Prozent liegen? Möglicherweise liegt es an den Keywords, aber in vielen Fällen ist etwas ganz anderes schuld daran: Miserable Landing Pages, also Zielseiten, die nicht auf den Bedarf des Users abgestimmt sind.

Nur ein Thema pro Landing Page

Die erste, wenig überraschende Regel für Landing Pages lautet: Nur ein Thema pro Seite. Klingt banal, scheint sich aber nicht von selbst zu erklären. Denn auf einer erschreckend hohen Zahl an Landing Pages findet der Besucher eine ebenso erschreckend hohe Zahl an verschiedenen Inhalten und Angeboten. Dabei ist es einfach: Wenn man sich über eine Lebensversicherung informieren will, dann interessiert man sich für – genau: Lebensversicherungen. Nicht für Kfz-Versicherungen. Nicht für Rechtschutzversicherungen. Nicht für Hausratsversicherungen.

Übersichtliche Gestaltung

Regel Nummer 2: Eine gute AdWords Landing Page ist schnell zu erfassen. Was erwartet mich hier? Was kann ich hier machen? Wo muss ich klicken, um weitere Informationen oder ein Angebot zu erhalten? Kann ich irgendwo anrufen? Kann ich etwas sparen? Der Interessent stellt sich – unbewusst – viele Fragen. Beantworten Sie sie kurz und in übersichtlicher Form.

Call to Action

Was wollen Sie erreichen? Soll der Kunde direkt kaufen? Soll er einen Katalog anfordern oder zum Telefonhörer greifen? Dritte Regel für Ihre Landing Page: Geben Sie Ihren Besuchern eine Möglichkeit, in Aktion zu treten. „Call to Action" heißt das im Online-Marketing, und das muss ganz leicht sein. Mit einem „Call to Action-Button" – klar beschriftet mit dem, was folgt, wenn er darauf klickt – fordern Sie den Besucher auf, aktiv zu werden. Mehr zum Thema „Call to Action" finden Sie in Tipp 39.

Praxisbeispiel BastianSens.de & Cosmos Direkt

In der Abb. 4 sehen Sie die AdWords Anzeige zu diesem Buch. Schauen Sie sich zum Vergleich die Anzeige des Versicherungsunternehmen Cosmos Direkt unter http://bastiansens.de/outcosmos an. Beide Anzeigen sind ähnlich aufgebaut und verfolgen ein Ziel: Die Anzeige spricht Sie an, Sie klicken darauf und gelangen zur durchdachten und sinnvollen Landing Page:

- Alle Elemente sind klar erkennbar.
- Die Navigationsleiste wurde entfernt, um den Fokus auf die Konversion zu legen – nichts soll den Surfer ablenken oder ihn gar zum Absprung verführen.
- Das Keyword „Schluss mit 08/15-Websites" bzw. „Risiko-Lebensversicherung" ist die Hauptüberschrift. Der Interessent erkennt sofort, dass er hier richtig ist.
- Grüne Häkchen markieren die Vorteile, das wirkt positiv auf den Nutzer.
- Als Vertrauen erweckendes Element dient eine „Auszeichnung".
- Die Telefonnummer ist klar und deutlich oben rechts erkennbar, sodass ein direkter persönlicher Service gegeben ist.
- Um eine Entscheidung zu beschleunigen, wird das Angebot mit einem Frühbucherrabatt bzw. bei Cosmos Direkt mit einem Amazon-Gutschein verbunden, der zeitlich begrenzt zur Verfügung steht.

Abb. 4 Landing Page zu diesem Buch. (Quelle: Sensational Marketing o. J.a)

- Per Button, gut sichtbar im Fokus des Betrachters, kann man sich zum Seminar anmelden bzw. seinen „Beitrag berechnen".
- Es werden die jeweiligen Persona angesprochen: In meiner Anzeige der dynamische Dominanz-Charakter, in der Anzeige von Cosmos Direkt der familiäre Balance-Charakter.

Für jedes einzelne Thema, auf das Sie per AdWords einen Fokus setzen wollen, sollten Sie eine eigene Landing Page erstellen, die sich im Wesentlichen an den oben genannten Kriterien orientiert. Streichen Sie irrelevante Inhalte, denn diese verschwenden nur die Zeit der User – und damit Ihr Geld, denn jeder Klick verursacht Kosten.

Nicht verwechseln: Landing Page für AdWords und Landing Page für SEO
Die hier genannten Tipps beziehen sich in erster Linie auf die Landing Pages, die Sie konkret für Ihre AdWords-Kampagnen nutzen. Diese sind meist auf „noindex" gestellt, das heißt, sie sollen in der organischen Google-Suche gar nicht auftauchen. Anders verhält es sich mit Landing Pages, die Sie für Ihre Suchmaschinenoptimierung (SEO) erstellen. Zwar gilt auch dafür das Prinzip „eine Seite – ein Thema", aber hier dürfen und sollen Sie mit mehr Text und einer sinnvollen Keyword-Optimierung arbeiten. Mehr dazu finden Sie in den Tipps 57 und 76.

Exkurs: Neuro-SEA
Ideal geeignet für die Gestaltung Ihrer Landing Pages ist die sogenannte Limbic Map (siehe auch Tipp 48). Abenteurer, Traditionalist, Rebell? Diese und weitere Klassifizierungen helfen Ihnen bei der Umsetzung. Richtig angewendet, bringen Ihnen die Einordnung und eine entsprechende Nutzung eine deutlich höhere Konversionsrate. Der Trick besteht darin, dass Sie Ihre User emotional genau dort „berühren", wo sie am berührbarsten sind.

Tipp 33: Analysieren Sie Ihre Website per Mouse-Tracking

Wissen Sie, wie sich Besucher auf Ihrer Website bewegen? Welche Elemente betrachtet werden und welche nicht? Stellen Sie sich vor, Sie haben ein tolles neues Angebot auf Ihrer Website platziert, doch es stellt sich heraus, dass es kaum wahrgenommen wird. Warum nicht? Vielleicht sticht es nicht genügend ins Auge? Vielleicht ist es ungünstig platziert? Aber wie stellt man das fest?

Mausbewegungen Ihrer Besucher nachverfolgen
Mit Mouse-Tracking können Sie die tatsächlichen Mausbewegungen und Klicks
Ihrer Besucher analysieren. In kurzen Videos sehen Sie, wie sich Besucher auf
Ihrer Website bewegen, welche Elemente sie wahrgenommen und angeklickt
haben und wie Ihre Texte gelesen wurden. Wurde schnell weitergescrollt, sind
einzelne Passagen besonders gründlich gelesen worden und haben viele Besucher
den Button zum Download Ihres E-Books angeklickt? Oder wurden gar Elemente
angeklickt, die gar nicht dafür vorgesehen sind? Was ist für Ihre Zielgruppe interessant und was kann getrost wieder entfernt werden, da es nicht beachtet wird?

Unwichtiges durch Wichtiges ersetzen - Wichtiges besser sichtbar machen
Mithilfe von Mouse-Tracking-Tools und anderen Methoden wie Heatmaps können Sie Ihre Website und Ihre Usability genau unter die Lupe nehmen. So sehen
Sie auf einen Blick, ob bestimmte Elemente angeklickt werden, die vielleicht gar
nicht anklickbar sind – da können Sie eingreifen und diese Funktion hinterlegen.

Falls bestimmte Buttons oder sonstige wichtige Elemente von Ihren Besuchern
gar nicht beachtet werden, kann das zwei Ursachen haben. Entweder übersieht
der Besucher sie, dann können sie prominenter platziert oder in einer anderen
Farbe dargestellt werden. Oder sie sind für den Besucher nicht relevant, in dem
Fall können unwichtige Elemente entfernen werden.

So können Sie zum Beispiel feststellen, warum Ihre Absprungrate so hoch ist.
Prüfen Sie doch, ob störende oder ablenkende Elemente dabei sind, die den Nutzer zum Absprung „verführen".

Mouse-Tracking-Tools
Um die Mausbewegung und die Klicks auf Ihrer Website zu tracken, existieren
Tools wie

- Hotjar.com (derzeit für den deutschen Markt nicht datenschutzkonform[1])
- Mouseflow.de
- overheat.de

Klicks können Sie auch in Google Analytics prüfen, jedoch müssen Sie dafür eine
kleine Erweiterung Ihres Analytics-Codes vornehmen. Die Anleitung dazu finden
Sie auf der Website zu diesem Buch (http://bastiansens.de/outana).

---

[1]Stand März 2017.

Heatmaps

Möchten Sie mithilfe von Heatmaps direkt visualisieren, welche Bereiche Ihrer Website besonders stark oder schwach frequentiert werden, dann können Sie auf folgende Tools zurückgreifen:

- crazyegg.com
- econda.de
- overheat.de

Wie bei allen Analysen gilt auch beim Mouse-Tracking: Man braucht genügend valide Daten, um Schlussfolgerungen zu ziehen. Lassen Sie die Analysen im Zweifel über mehrere Wochen laufen.

Tipp 34: Führen Sie A/B-Tests auf Ihrer Website durch

Grüner Button, blauer Button, gar kein Button? Text links, Text rechts, langer Text, gar kein Text? Emotionale Bilder mit Menschen oder lieber Grafiken? Welcher Maßnahme auf Ihrer Website hat welchen Effekt? Und vor allem: Wie wirkt sich das auf Ihren wirtschaftlichen Erfolg aus?

Testen Sie es! Im Online-Zeitalter haben Sie zum Glück die Möglichkeit, ohne Umschweife herauszufinden, welche Maßnahmen wirken, und am Ende mehr Menschen dazu zu bringen, bei Ihnen zu kaufen. Mit sogenannten A/B-Tests können Sie ganz einfach ablesen, ob es so oder doch lieber anders am besten funktioniert.

Testen Sie mit den Tipps aus diesem Buch

In diesem Buch finden Sie eine Fülle an Optimierungstipps für Ihre Website. Sie sind ideal geeignet, um sie für A/B-Tests zu verwenden. Nehmen Sie zum Beispiel Tipp 11 bezüglich Gimmicks: Testen Sie eine Version Ihrer Seite mit und eine ohne Gimmicks. Oder Tipp 14 zu Portraitfotos: Probieren Sie aus, welche Variante zu mehr Kontakten führt – die mit den freundlichen, offenen Gesichtern oder die mit den verschränkten Armen. Schauen Sie das Buch unter diesem Aspekt durch – Sie werden viele Möglichkeiten finden. Wichtig dabei ist nur, dass Sie immer beide Varianten im selben Zeitraum testen, denn nur so können Sie alle externen Faktoren wie saisonale Schwankungen oder aktuelle Ereignisse bei der Bewertung außen vor lassen.

Folgende Tests können Sie ebenfalls durchführen

- Alte gegen neue Website
- Navigationsleiste (zum Beispiel unterschiedliche Anordnung oder Benennung)
- Funktionen (zum Beispiel die Suche mit Tools wie Sempria oder Findology)
- Bilder oder Videos (zum Beispiel mit Menschen/ohne Menschen)
- Kontaktformulare (unterschiedlicher Aufbau, zum Beispiel Start mit Anrede vs. ein neues Element wie Direktabfrage der Kundenwünsche)
- Text (mehr/weniger)
- Überschriften (emotionale vs. Keyword-Überschriften)

Schrittweise Erkenntnisse sammeln

Optimierungsmaßnahmen auf Ihrer Website sollen in erster Linie einen wirtschaftlichen Effekt haben. Um eindeutige Ergebnisse zu bekommen, sollten Sie daher immer nur eine Maßnahme bzw. Optimierung zur selben Zeit für Variante A und Variante B testen. So können Sie schrittweise erkennen, welche Maßnahmen Erfolg gebracht haben und welche nicht.

Tools für Ihre A/B-Tests

A/B-Tests führen Sie mit verschiedenen Online-Tools ganz einfach und ohne IT-Kenntnisse selbst durch (zum Beispiel mit optimizely.com, vwo.com oder abtasty.com). So können Sie beispielsweise recht schnell und unkompliziert die Farbe eines Buttons ändern und das, ohne Ihrem Webdesigner Bescheid zu geben. Die Tools lenken die Hälfte Ihrer Besucher automatisch auf die eine Version und die andere Hälfte auf die andere Version Ihrer Website.

Die Umsetzung ist simpel

- Suchen Sie sich einen passenden Toolanbieter aus: optimizely.com, vwo.com, abtasty.com oder Google Tests (in Google Analytics – leider etwas schwieriger in der Bedienung).
- Starten Sie den ersten A/B-Test und geben Sie Ihre URL ein.
- Führen Sie Ihre gewünschte Änderung in dem Tool durch.
- Fügen Sie den mitgeteilten Javascript-Code auf Ihrer Website ein.
- Aktivieren Sie den A/B-Test.

Achten Sie auf eine ausreichende Datenmenge
Konversionsrate, Absprungrate, Besuchszeit etc. – all das können Sie nach der Testzeit gut ablesen und entsprechende Rückschlüsse ziehen. Achten Sie aber darauf, dass Sie eine ausreichend große Datenmenge haben. Entscheidungen auf Basis von 20 Besuchern zu treffen, ist nicht zu empfehlen. Wie groß Sie Ihre Stichprobe wählen sollten, hängt von der Grundgesamtheit, also der Besuchermenge auf Ihrer Website ab. Einen guten Überblick über eine optimale Stichprobengröße liefert Ihnen das kostenlose Tool von http://bastiansens.de/outrechner.

Lassen Sie den A/B-Test ruhig ein paar Monate laufen, um valide Ergebnisse zu erhalten.

Tipp 35: Nutzen Sie ein SSL-Zertifikat

Das Internet wird immer mehr zur Spielwiese von Hackern. Durch die Digitalisierung werden vermehrt Unternehmen bedroht. Doch Sie können für Sicherheit auf der eigenen Website sorgen. SSL sorgt außerdem auch für Vertrauen bei Usern: In welches Taxi würden Sie eher steigen? In das mit der TÜV-Plakette oder ohne? So ähnlich verhält es sich auf Ihrer Website.

Http vs. https
Http – die Abkürzung für *Hypertext Transfer Protocol* brauchen Sie, damit eine Website vom Server in Ihren Browser geladen werden kann. Üblicherweise verwenden Websites nur dieses einfache, für Hacker nicht sonderlich problematische Protokoll.

Https, also das *Hypertext Transfer Protocol Secure* hat denselben Zweck, allerdings wird die Site dabei mit der Sicherheitstechnologie SSL/TLS verschlüsselt und damit „abhörsicher" gemacht. Zu erkennen sind solche Websites an dem Icon mit dem verriegelten grünen Schloss und der Kennzeichnung „https" in der Browserzeile (siehe Abb. 5). Um https nutzen zu können, benötigen Sie ein SSL-Zertifikat.

Was ist ein SSL-Zertifikat?
Sichere Datenübertragung ist das A und O im Web. Sie müssen dabei nicht wissen, wie SSL – das steht übrigens für *Secure Sockets Layer* – im Einzelnen

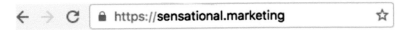

Abb. 5 Sichere https-Verbindung dank dem SSL-Zertifikat. (Quelle: Screenshot eines Firefox-Fensters)

funktioniert. Wichtig ist: Ein SSL-Zertifikat sorgt dafür, dass die Datenkommunikation vom Computer zum Server in verschlüsselter und damit in kaum angreifbarer Form erfolgt. Mit einem solchen Zertifikat weisen Sie sich demnach als vertrauenswürdiger Anbieter aus, denn Sie minimieren nachweislich das Risiko, dass sensible Daten Ihrer Websitebesucher in falsche Hände geraten.

Google ist der Treiber des sicheren Internets

In erster Linie mag man dabei an Zahlungsvorgänge und weitere Transaktionen denken, bei denen persönliche Daten via Kontaktformular oder im Bestellprozess abgefragt werden. Warum eine verschlüsselte Datenkommunikation jedoch auch für andere Zwecke sinnvoll ist, zeigt Google. Der Suchmaschinengigant hat natürlich längst die zunehmende Gefahr durch Hacker erkannt und gibt seit Anfang 2017 in seinem Browser Google Chrome bei Passwortabfragen einen Hinweis, wenn eine Website nicht über ein SSL-Zertifikat verfügt. Mit großer Wahrscheinlichkeit wird Google dieses Vorgehen ausweiten und Webnutzer auch bald schon bei einfachen Kontaktformularen warnen, wenn keine verschlüsselte Übertragung erfolgt. Die Konsequenz liegt auf der Hand: User werden durch den Warnhinweis verunsichert und verlassen Ihre Website, ohne den wichtigen Conversion-Schritt, die persönliche Kontaktaufnahme, gemacht zu haben. Das kann fatale Folgen für Ihr Unternehmen haben.

HTTPS als SEO-Kriterium

Doch damit nicht genug. Wie sehr Google das Thema Internetsicherheit vorantreibt, ist auch bei der Suchmaschinenoptimierung (SEO) zu erkennen. So hat Google bereits im August 2014 die Verschlüsselung von Websites als Rankingsignal auserkoren. Nachzulesen ist dies in diversen Blogs, in denen sich SEO-Experten aufhalten, um in Sachen Suchmaschinenoptimierung und Google-Algorithmen immer am Ball zu bleiben. Schauen Sie mal unter http://bastiansens. de/outhttps.

Das bedeutet schlicht und ergreifend, dass Sie mit einer verschlüsselten Website in den Suchergebnissen besser gelistet werden, als Seiten ohne SSL-Zertifikat.

Besorgen Sie sich ein SSL-Zertifikat

Machen Sie Ihre Website sicherer, schützen Sie Ihre Besucher und geben Sie Hackern keine Chance. Beschaffen Sie sich ein SSL-Zertifikat und weisen Sie damit Ihre Vertrauenswürdigkeit als Anbieter aus. Jeder Webhoster bietet diese Zertifikate mittlerweile an, oft sind sie in den Hosting-Paketen sogar inklusive.

Tipp 36: Machen Sie Ihre Website schneller

Wer glaubt, dass sich die Ladezeit einer Website nicht wesentlich auf den wirtschaftlichen Erfolg eines Unternehmens auswirkt, der irrt gewaltig. Besucher entscheiden innerhalb von nur drei Sekunden, ob sie auf Ihrer Website bleiben oder nicht. Und die Ladezeit spielt dabei eine große Rolle. Amazon hat für sich errechnet, dass eine 100 Millisekunden (!) längere Ladezeit den Umsatz um etwa ein Prozent reduziert (Linden 2006). Bei Yahoo führen 400 Millisekunden Verzögerung zu fünf bis neun Prozent weniger Traffic (Koch 2012). Zeit ist Geld – noch nie traf diese Weisheit mehr zu als im Zeitalter des Internets.

Schnelle Websites punkten bei Google
Doch von der Verweildauer und dem damit verbundenen Erfolg einmal abgesehen – auch für die Suchmaschinenoptimierung (SEO) ist die Ladezeit Ihrer Website entscheidend. Denn schon vor ein paar Jahren hat Google die Ladezeit als Bewertungskriterium in seinen Algorithmus aufgenommen. Das heißt nichts anderes, als dass schnellere Websites besser gelistet werden als langsamere. Der Grund dafür ist klar: Die Suchmaschine möchte das beste Ergebnis für den Suchenden liefern. Langsame Websites frustrieren und nerven uns und sind damit keine Empfehlung, die Google als gutes Suchergebnis ausweisen sollte. Es ist daher in jedem Fall vorteilhaft, wenn Ihre Site im Vergleich mit Ihren Wettbewerbern schneller lädt. Allerdings gelten für die SEO noch mindestens 199 weitere Faktoren, sodass eine schnelle Website nicht allein für eine gute Platzierung in den Suchergebnissen verantwortlich ist.

Testen Sie Ihre Website-Geschwindigkeit
Ist Ihre Seite zu langsam? Finden Sie es selbst heraus. Mit den unten stehenden Tools können Sie die Geschwindigkeit Ihrer Website unkompliziert testen. Vergleichen Sie die Ergebnisse auch ruhig mit denen Ihrer Konkurrenz.

- tools.pingdom.com
- webpagetest.org
- developers.google.com/speed/pagespeed/insights/
  Dieses Tool zeigt Ihnen sogar genau, was Ihre Seite ausbremst.

Lösen Sie die Bremsen
Die Ursachen für lange Ladezeiten im Web sind in den meisten Fällen große Bilddateien oder Videos, ein langsamer Webserver oder auch eine Vielzahl an

Elementen, wie Javascript-Dateien, die geladen werden müssen. Damit Ihre Website schneller lädt, müssen Sie an den entsprechenden Stellschrauben drehen:

- Verkleinern und Komprimieren von Bildern (mit Programmen wie Photoshop, dem kostenlosen Bildbearbeitungsprogramm Gimp, dem Picture Manager von Microsoft oder JPEGmini. Mehr zu dem Thema finden Sie in Tipp 71).
- Bilder mit sogenannten Lazyload-Plug-ins laden (Bilder werden nachgeladen, wenn sie am Bildschirm sichtbar werden).
- Videos auf YouTube einbinden statt auf der eigenen Website
- Reduzieren der zu ladenden Elemente durch Vereinen von Javascript- und anderen Dateien.
- Website zwischenspeichern durch Caching

Tipp 37: Finden Sie externe Kopien Ihrer Texte

Doppelte Inhalte – die hat Google gar nicht gerne. Gute Inhalte müssen für die Suchmaschine einzigartig und relevant sein, um überhaupt eine Chance zu haben, auf den vorderen Plätzen mitzuspielen. Duplicate Content ist daher schlecht für die Suchmaschinenoptimierung.

Texte müssen sich unterscheiden
Einmal abgesehen davon, dass es gegen das Urheberrecht verstößt, Inhalte von einer anderen Seite zu kopieren, müssen Sie allein schon deshalb einzigartige Inhalte bereitstellen, damit Sie bessere Positionen in Suchmaschinen erreichen. Manchmal weiß man allerdings vielleicht selbst nicht mehr so genau, ob man nicht dieselben Texte für mehrere Seiten verwendet hat – intern auf der eigenen Website oder zum Beispiel für Profile in verschiedenen Portalen. Ihre Texte müssen mindestens 70 % Unterschied zu anderen Texten aufweisen, um bei Google als einzigartig zu gelten. Je höher, desto besser.

Duplicate Content finden
Um festzustellen, ob und welche Inhalte innerhalb Ihrer Website doppelt sind, können Sie OnPage.org verwenden, das ich Ihnen in Tipp 68 vorstelle. Ob Ihre Inhalte auf anderen Seiten erscheinen – vielleicht, weil Sie sie selbst dort eingestellt haben, oder weil vielleicht ein Wettbewerber von Ihnen abgeschrieben hat – können Sie mit dem (kostenlosen) Tool http://copyscape.com/ überprüfen. Anhand Ihrer URL, die Sie auf der Seite eingeben, vergleicht das Tool Ihre

Inhalte mit allen anderen existierenden Websites. Falls es externe Kopien Ihrer Texte gibt, zeigt Ihnen Copyscape dies an. Klicken Sie auf die Einträge, um zu sehen, welche Abschnitte als Duplicate Content erkannt wurden. Mit Copyscape Premium können Sie diesen Suchprozess auch automatisieren und sich benachrichtigen lassen, sobald extern Inhalte gefunden werden, die denen auf Ihrer Website entsprechen.

Tipp 38: Specken Sie Ihre Formulare ab

Vor Kurzem wollte ich online ein Paar Schuhe kaufen. Im Bestellformular war ein Feld für die Faxnummer vorgesehen. Warum um Himmels willen, so habe ich mich gefragt, will ein Onlineshop meine Faxnummer wissen? Einmal abgesehen davon, dass die wenigsten Privatleute (und an die richtet sich üblicherweise ein Onlineshop) ein Faxgerät haben – wozu braucht der Anbieter das? Na gut, könnten Sie sagen, das war ja sicher kein Pflichtfeld. Stimmt, und ich habe die Schuhe auch gekauft, und zwar ohne die Faxnummer einzugeben, aber ich dachte mir: Warum kompliziert, wenn es auch einfach geht?

Gezielte Marketingmaßnahmen

Internetnutzer werden immer sensibler, wenn es um persönliche Daten geht. Für alles muss man sich registrieren und soll so viel wie möglich von sich preisgeben. Längst reicht es nicht mehr, Name, Adresse, Telefonnummer und E-Mail-Adresse einzugeben. Geburtsdatum, Familienstand, Interessen, persönliche Vorlieben etc. – am liebsten will der Anbieter alles über Sie wissen. Der Grund liegt auf der Hand: Je mehr man über Sie in Erfahrung bringt, desto besser kann man Marketingmaßnahmen gezielt und ganz persönlich auf Sie ausrichten.

Je mehr Felder, desto höher die Absprungraten

Dass Interessenten und Kunden dabei aber von den vielen Feldern in einem Formular geradezu erschlagen werden und sich genervt abwenden, ist den Anbietern oft gar nicht bewusst. Auf manchen Websites müssen Sie zehn Felder ausfüllen, um einen Rückruf zu erhalten. Dabei würde es vollkommen genügen, den Namen und die Rufnummer abzufragen. Formulare sind die potenziellen „Conversion-Killer" im Web. Von der erhöhten Fehlerquote einmal ganz abgesehen – je mehr Felder, desto höher der Frust und die Abbruchwahrscheinlichkeit. Und hohe Absprungraten bedeuten weniger Aufträge und Umsatz für Sie.

Misten Sie aus!

Schmeißen Sie alles aus Ihren Formularen raus, was Sie eigentlich nicht benötigen. Machen Sie es, vor allem zu Beginn, nicht zu kompliziert. Die Einstiegshürden sollten so niedrig wie möglich sein. Sie können später immer noch nach weiteren Kontaktinformationen fragen. Eine gute Möglichkeit, an mehr Daten zu kommen, bieten zum Beispiel zweistufige Formularprozesse: Zeigen Sie zunächst nur maximal sechs Felder mit den für den Kauf- oder Anmeldevorgang wichtigsten Daten an, die der Interessent ausfüllen soll. Mit einem Klick auf „Weiter" gelangt er auf die nächste Seite, wo er weitere (maximal sechs) Felder ausfüllen kann.

Kleine Anreize – große Wirkung

Zusätzlich zu einer übersichtlichen Formulargestaltung sind grüne Häkchen nach der Eingabe eines Feldes eine gute Möglichkeit, Interessenten bei Laune zu halten. Es ist zwar „nur" ein psychologischer Trick, aber er scheint zu wirken. In Abb. 6 sehen Sie das Buchungsformular zu einem meiner Seminare, aber auch Booking.com gestaltet sein Formular auf gleiche Weise. Durch das Häkchen bekommt das Gehirn eine kleine Belohnung, indem man dem Nutzer einen erfolgreichen Schritt im Bestellprozess bestätigt. Erfahrungsgemäß steigt dadurch die Abschlussquote deutlich. Glauben Sie nicht? Dann machen Sie doch A/B-Tests, wie in Tipp 34 beschrieben, um die Wirkung zu testen.

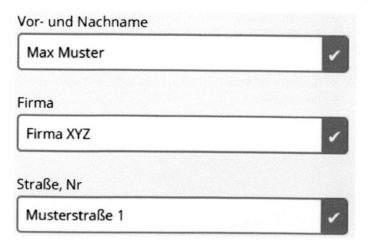

Abb. 6 Buchungsformular zum Seminar zum Buch auf https://bastiansens.de. (Quelle: Sensational Marketing o. J.b)

Tipp 39: Nutzen Sie Call-to-Action-Buttons

Am Anfang meiner Selbstständigkeit wurde ich von einem Unternehmensberater begleitet. Lambert Schuster, ein ehemaliger Vertriebsleiter bei Siemens, sagte immer: „Beenden Sie keinen Termin ohne Folgeauftrag!" Soll heißen: Halten Sie Ihren Kunden fest, lassen Sie ihn nicht im sprichwörtlichen Regen stehen. Oder, auf Ihre Website übertragen: Lassen Sie Ihre Besucher nicht im Netz verschwinden.

Fordern Sie auf Ihrer Website – am besten gleich an mehreren Stellen – Besucher zu einer Handlung auf. „Call to Action" heißt eine solche Handlungsaufforderung, die grafisch auffällig und kontrastreich (am besten mit Farben, die Sie auf der Website ansonsten nicht einsetzen) in Form eines klickbaren Buttons umgesetzt wird (siehe zum Beispiel Abb. 7).

Mit so einem Call-to-Action-Button können Sie Ihre Besucher lenken, zu einer konkreten Handlung ermuntern, somit länger auf Ihrer Website halten und damit positiv auf die Absprungrate einwirken.

Ein Call-to-Action-Button sollte schnell ins Auge fallen. Platzieren Sie ihn daher möglichst weit oben, zum Beispiel neben einem aufmerksamkeitsstarken Foto, auf dem jemand den Button ansieht oder darauf zeigt. Auch am Ende eines Blogartikels können Sie Call-to-Action-Buttons gut platzieren, etwa „Teilen" oder „Gefällt mir" für Social Media oder für den Download eines E-Books. Die genaue Platzierung können Sie nach und nach anpassen, je nachdem, wie Besucher Ihre Seite nutzen (siehe hierzu Tipp 33 zum Thema Mouse-Tracking).

Call-to-Action-Buttons sind immer zu Zielseiten verlinkt, zum Beispiel zu einem Formular, das der Besucher ausfüllen muss, um Ihr kostenloses E-Book zu erhalten oder um einen Katalog anzufordern. Überlegen Sie sich den idealen Pfad, den ein Besucher auf Ihrer Website nehmen sollte und versuchen Sie dann, ihn genau dorthin zu lenken.

Abb. 7 Call-to-Action-Button auf der Website von unbounce. (Quelle: Unbounce o. J.)

Ein beispielhafter Pfad könnte sein:

- Der Besucher kommt über Google auf Ihre Startseite.
- Auf der Startseite muss er sofort erkennen, was Sie anbieten. Jetzt will er Ihre Leistungen oder Produkte sehen, sich einen Überblick verschaffen.
- Verlinken Sie in einem Call-to-Action-Button weit oben jene Seite, auf der Sie Ihre Leistungsübersicht präsentieren.
- Nachdem der Besucher Ihre Leistungen gesichtet hat, klickt er eine spezielle Leistung an und informiert sich detaillierter auf dieser Seite.
- Am Ende der Seite befindet sich ein Button: „Kostenloses E-Book für Sie".
- Der Besucher klickt auf den Button und liest das E-Book (quer).
- Bestenfalls ist er nun von Ihrer Expertise überzeugt. Er ruft Ihre Kontaktseite auf und setzt sich mit Ihnen in Verbindung.

Wichtig ist, dass der Call-to-Action-Button dem Besucher klar macht, was ihn auf der verlinkten Seite erwartet und was er bekommt, wenn er klickt. Es muss klar sein, wohin Sie ihn lenken wollen. Folgende Formulierungen könnten Sie für den Button nutzen:

- Anmeldung zur Testversion: „Risikofrei 30 Tage Produkt X testen"
- Webinar-Anmeldung: „Kostenlosen Webinar-Platz sichern"
- Download E-Book, Studie etc.: „Studie gratis als PDF herunterladen"
- Kostenvoranschlag: „Unverbindliches SEO-Angebot anfordern"

Jeder Call-to-Action-Button sollte von einem sogenannten „Lead-in" begleitet werden. Meist handelt es sich dabei um eine Überschrift oder ein Bild, mit dem man zum Button hinleitet. Idealerweise verstärkt der „Lead-in" das Verlangen, das zu bekommen, was der Button verspricht.

Tipp 40: Führen Sie Website-Umfragen durch

Wieso, weshalb, warum? Wer nicht fragt …

… kann sich auch nicht verbessern. Okay, eigentlich endet der Spruch ein bisschen anders, aber die Aussage ist dieselbe: Ohne Rückmeldung gibt es auch keine Veränderung – der eine bleibt dumm, der andere macht immer so weiter wie bisher und ahnt nicht einmal, dass ihm die Kunden allmählich den Rücken zukehren.

Deshalb: Fragen Sie! Fragen Sie vor allem Ihre Kunden und Nutzer. Was ist gut? Was kann man verbessern? Je konkreter Sie fragen, desto besser und nützlicher sind die Antworten: Warum haben Nutzer bestimmte Aktionen durchgeführt? Warum haben sie eine Aktion abgebrochen? Welche Erwartungen wurden erfüllt? Welche nicht?

Besucheranalyse mit Website-Umfragen komplettieren

Mit einer Website-Umfrage können Sie diese Dinge in Erfahrung bringen. Im Unterschied zu anderen Tools für die Besucheranalyse finden Sie mit Website-Umfragen die konkreten Beweggründe für ein bestimmtes Verhalten heraus. Das heißt nicht, dass Sie die vielen nützlichen Werkzeuge, die Sie in diesem Buch schon kennengelernt haben, dann links liegen lassen können. Vielmehr sind Website-Umfragen eine Ergänzung, mit der Sie Ihre Gesamtanalyse komplettieren.

Investieren Sie Zeit in die Vorbereitung

Versprochen: Die Mühe lohnt sich. Denn mit den Ergebnissen können Sie allerhand anfangen. Im Vorfeld einer guten und validen Umfrage müssen Sie sich zunächst selbst ein paar Fragen beantworten. Die erste und wichtigste lautet: Was ist das Ziel der Umfrage? Möchten Sie Ihre Zielgruppe besser kennenlernen? Tatsächlich kann Ihnen eine Umfrage dabei helfen, etwa indem Sie demografische Daten, die Motivation des Besuchs oder auch Persönliches wie Beruf oder Hobbys abfragen.

Oder wollen Sie wissen, wie Ihre Website bei Ihren Besuchern ankommt? Mit einer Umfrage können Sie gezielt Schwachstellen aufdecken, Anregungen und Verbesserungsvorschläge erhalten und die Wünsche und Ziele Ihrer Zielgruppe erfahren. Natürlich können Sie auch Beides kombinieren und ergänzen.

Eine weitere wichtige Frage, die Sie beantworten müssen, bevor Sie beginnen: Soll die Umfrage qualitativ oder quantitativ sein? Bei einer qualitativen Umfrage reicht eine geringe Stichprobengröße, die einzelne Umfrage ist jedoch recht ausführlich. Sie erfahren dafür aber vielleicht auch Dinge, an die Sie gar nicht gedacht und die Sie dementsprechend auch nicht gezielt abgefragt hätten. Umgekehrt kann eine quantitative Umfrage nur valide sein, wenn Sie eine große Stichprobengröße erreichen, dafür kann die Umfrage selbst auf wenige Fragen beschränkt werden.

Fragen formulieren

Ein wichtiges Prinzip sollten Sie bei der Formulierung Ihrer Fragen beachten: Gehen Sie vom Allgemeinen zum Konkreten und vom Einfachen zum Abstrakten. Mögliche Fragen könnten sein:

- Warum haben Sie unsere Website besucht?
- Entspricht unsere Website insgesamt Ihrem Bedarf?
- Wie einfach war es, auf unserer Website das zu finden, wonach Sie suchten?
- Ist unsere Website in Ihren Augen optisch attraktiv?
- Haben Sie genug Informationen über unser Unternehmen gefunden?
- Wie beurteilen Sie den Bestellprozess in unserem Onlineshop?
- Was ist/wäre der konkrete Anlass, aus dem Sie sich mit dem Thema (zum Beispiel Immobilienfinanzierung) beschäftigen?

Die Umfrage beginnen

Das Angebot bzw. den Aufruf zur Website-Umfrage können Sie als Pop-up-Fenster einbinden. Darin beschreiben Sie (wie in Abb. 8) die Umfrage kurz und leiten den Nutzer zu der externen Seite weiter, auf der die Umfrage durchgeführt wird.

Damit sich ein Nutzer Zeit für Ihre Umfrage nimmt, können Sie ihn für seine Teilnahme „belohnen". Ein Gewinnspiel oder eine Verlosung (zum Beispiel Amazon-Gutscheine, Ihre eigenen Produkte, eine kostenlose Beratung etc.) sind erprobte „Lockmittel" bei längeren Umfragen.

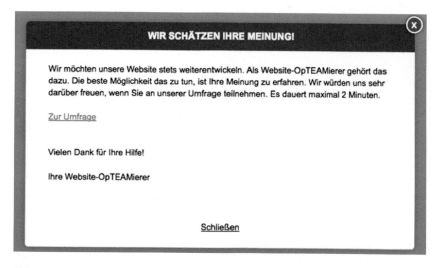

Abb. 8 Umfrage der Website-OpTEAMierer von https://sensational.marketing/. (Quelle: Sensational Marketing e. K. o. J.a)

Tools

Natürlich gibt es auch für Umfragen zahlreiche Tools. Ich halte die folgenden für geeignet:

- surveymonkey.com
- opinionlab.com
- Google Forms (in Google Drive)
- easy-feedback.de

Fragen Sie!

Nur wer fragt, bekommt verlässliche Antworten. Starten Sie durch mit Ihrer Online-Umfrage und erfahren Sie, was Sie noch besser machen können, damit aus Besuchern Kunden und aus Kunden noch zufriedenere Kunden werden.

Tipp 41: Nutzen Sie ein Kundenbewertungstool

Hand aufs Herz: Können Sie Bewertungen ignorieren? Ich kann es nicht. Sobald ich sehe, dass jemand für ein Produkt, das mich interessiert, eine Bewertung abgegeben hat, kann ich nicht anders, als mir diese anzusehen. Das Gleiche gilt für ein Unternehmen, das mir etwas anbietet – auch da möchte ich wissen, wie es von anderen bewertet wurde.

Die Meinung der anderen

Das hat einen einfachen Grund: Wir vertrauen gerne auf die Meinung anderer, denn deren Einschätzung ist unserer meist näher als die des Unternehmens. Gerade im Web wimmelt es nur so von Anbietern und ihren Werbeversprechen, die sich ähneln wie ein Ei dem anderen – da verliert man nicht nur schnell den Überblick, sondern hat auch Mühe, die Angebote kritisch zu prüfen. Mit einer persönlichen Empfehlung oder Bewertung finden wir uns besser zurecht, wir können Angebote besser einschätzen und uns leichter entscheiden, ob wir einem Anbieter Vertrauen schenken sollen oder nicht.

Ein Bewertungssiegel schafft Vertrauen

Aus Unternehmersicht bietet dieses Verhalten großes Potenzial für unser Online-Marketing. Im Web gibt es zahlreiche Dienstleister, mit denen man qualifizierte Kundenbewertungen einholen kann, um bei anderen Interessenten Vertrauen zu schaffen. Wenn Sie einen solchen Dienstleister und sein Bewertungstool nutzen, dürfen Sie ein entsprechendes Siegel verwenden. Damit zeigen Sie, dass Sie sich der Beurteilung durch Ihre Kunden stellen und sich kontinuierlich um Qualität und Zufriedenheit bemühen. Einige dieser Siegel erscheinen mitunter sogar im Fernsehen (zum Beispiel „Trusted Shops") und gelten als besonders vertrauenswürdig. Auf Ihrer Website sollten Sie ein solches Siegel an prominenter Stelle platzieren. Besonders wenn Ihr Unternehmen noch nicht so bekannt ist, müssen Sie für Vertrauen bei Ihren Website-Besuchern sorgen. Am Anfang kann das mühselig sein, aber diese Mühe lohnt sich.

Welches Tool ist für mich geeignet?

Folgende Bewertungstools können Sie (unter anderem) für Ihr Unternehmen nutzen:

- Trusted Shops (nur für Onlineshops, auch international)
- eKomi (auch für international tätige Unternehmen geeignet)
- ProvenExpert (nur für deutsche Websites geeignet)

Trusted Shops und eKomi sind kostenpflichtige Siegel für Onlineshop-Betreiber. Um sie zu erhalten, muss man sich einer eingehenden Prüfung unterziehen und viele verschiedene Qualitätskriterien erfüllen. Anbieter, die die Anforderungen nicht hundertprozentig erfüllen, können das Siegel nicht erwerben. Aus gutem Grund: Nur absolut vertrauenswürdige Unternehmen und damit solche, die einen hohen Käuferschutz gewährleisten, sollen mit dem Siegel werben dürfen. Nach dem Online-Kauf erhält der Käufer einen Link, über den er den Shop bewerten kann. Manipulierte Bewertungen sind damit nahezu ausgeschlossen.

ProvenExpert eignet sich auch für Dienstleister und damit auch im B2B-Bereich. Als Unternehmen können Sie einen kostenlosen Account mit einigen Basisfunktionen bekommen oder aus verschiedenen Preismodellen wählen. Per Umfrage, die man – je nach Account – mehr oder weniger anpassen kann, werden Bewertungen eingeholt.

Von Google zertifizierte Bewertungsplattformen

Die Bewertungssterne in den Google-Suchergebnissen werden aus Plattformen wie den gerade genannten generiert. Wenn Sie also ein Kundenbewertungstool nutzen, wirkt sich das auch auf die Suche bei Google aus. Allerdings ist nicht jede Bewertungsplattform von Google zertifiziert, sodass sich gute Bewertungen (von anderen Plattformen bzw. Tools) nicht immer in Form von Sternen in der Suche niederschlagen. Die erwähnten Bewertungstools sind von Google zertifiziert und ihre daraus generierten Bewertungen werden in der Google-Suche angezeigt.

Eine Besonderheit gibt es bei allerdings: Nur Trusted Shops bietet die Hundert-Prozent-Lösung, das heißt, die Sterne werden sowohl in den Ergebnissen der

Ihr Werbelektorat in Köln – Wort für Wort
www.wortfuerwort.de/werbelektorat ▾
★★★★★ Bewertung: 4,6 - 64 Rezensionen
Schnelles und zuverlässiges **Werbelektorat** in **Köln** für Werbeagenturen, PR-Agenturen und Unternehmen ☑langjährige Erfahrung ☑Wort für Wort.

Abb. 9 Bewertungssterne von Wort für Wort in der Google Suche. (Google und das Google-Logo sind eingetragene Marken von Google Inc., Verwendung mit Genehmigung). (Quelle: Screenshot des Google-Suchergebnisses vom 13. April 2017)

organischen Suche als auch bei den AdWords angezeigt. eKomi bietet die Zertifizierung der Sterne nur für Google AdWords und ProvenExpert lediglich für den organischen Bereich der Suchergebnisse, wie in Abb. 9. Je nachdem, ob AdWords oder Suchmaschinenoptimierung (SEO) in Ihrem Online-Marketing-Konzept eine größere Rolle spielt, sollten Sie die entsprechende Plattform wählen. Leider gibt es außer Trusted Shops kein anderes Unternehmen, welches eine ganzheitliche Zertifizierung bietet.[2]

Keine Angst vor schlechten Bewertungen
Aber, so könnten Sie jetzt einwenden, was ist mit den schlechten Bewertungen? Schaden die mir nicht? Dazu gibt es zwei Dinge zu sagen. Erstens: Wenn Sie Wert auf Qualität und einen guten Service bieten, wenn Sie zuverlässig und ehrlich sind, dann werden Sie auch gute Bewertungen bekommen. Jedenfalls meistens, denn – und damit wären wir bei zweitens – kein Unternehmen kann immer nur perfekt sein. Es sind Menschen, die in diesen Unternehmen arbeiten, und Menschen machen nun einmal Fehler. Klar, es gibt Kunden, die dann ungehalten reagieren und ihrem Ärger auch mal Luft machen wollen. Sollen sie doch!

68 % aller Internet-Nutzer, so das Ergebnis einer Studie der BIG Social Media GmbH, haben mehr Vertrauen in ein Unternehmen, wenn es auch negative Bewertungen bekommt. Produkte und Dienstleistungen mit einer 4,5-Note verkaufen sich, so die Studie, deutlich besser als solche mit fünf Sternen (BIG Social Media 2013). Denn bei allzu guten Bewertungen gehen Website-Besucher davon aus, dass die Unternehmen nachgeholfen haben. Daher ist es überhaupt kein Drama, auch einmal eine schlechte Bewertung zu erhalten. Am besten reagieren Sie mit einem Kommentar, damit zeigen Sie Ihr Engagement und können die schlechte Bewertung abmildern oder vielleicht sogar umkehren.

---

[2]Stand: März 2017.

Tipp 42: Fügen Sie persönliche Bewertungen auf Ihrer Website ein

„Einem Unternehmen vertrauen, das ich nicht kenne? Niemals. Wieso sollte ich? Alle wollen einem doch ständig irgendwas verkaufen und preisen ihre Ware oder Dienstleistung an, als gäbe es nichts Besseres. Aber mein Nachbar hat mir neulich ein wirklich gutes und professionelles Unternehmen empfohlen. Da gehe ich auch hin."

Das Angebot kann noch so gut sein, der Webauftritt noch so professionell und das Unternehmen noch so seriös – ohne Vertrauen ist das alles nichts wert. Und dieses Vertrauen baut sich am besten über persönliche Empfehlungen auf.

Kundenmeinungen: echt und nachprüfbar

In Tipp 41 haben Sie schon erfahren, dass ein Bewertungstool wie Trusted Shops oder ProvenExpert für Sie und Ihr Geschäft von großem Nutzen sein kann. Das damit ausgedrückte Vertrauen in Ihr Unternehmen können Sie mit persönlichen Einschätzungen vertiefen. Wichtig: Diese Meinungen müssen persönlich, echt und nachprüfbar sein.

Bewertungen mit geringer Aussagekraft (wie die folgende) nützen vermutlich wenig:

Super Service! Kann ich nur jedem weiterempfehlen ...
H.P. aus L.

Dann doch eher diese hier:

Die Beratung in Sachen Online Marketing durch [Firma] hat uns klar vorangebracht. Besonders die fundierte Analyse und Strategieplanung waren von großem Nutzen. Herr [Name] und sein Team waren zu jeder Zeit freundliche und kompetente Ansprechpartner.
Max Schmitz, [Firma], [Ort]

Eine eigene Unterseite für Kundenmeinungen

Die Bewertungen kommen aus den in Tipp 41 genannten Bewertungstools oder werden von Ihren Kunden für Sie formuliert. Für die Veröffentlichung empfehle ich Ihnen eine eigene Unterseite Ihrer Website, auf der Interessenten die Meinungen Ihrer (zufriedenen) Kunden lesen können. Fragen Sie Ihre Kunden immer, ob Sie Bewertungen mit Namen und Ort veröffentlichen dürfen.

Heben Sie relevante Bewertungen hervor

Besonders relevante Bewertungen können Sie auf Ihrer Referenzseite gezielt positionieren und so Ihre Zielgruppe direkter ansprechen. Wenn Sie zum Beispiel speziell Handwerker in Leverkusen ansprechen wollen, dann empfiehlt es sich, ganz oben auf der Seite gute Bewertungen von Handwerkern aufzuführen. Ihre Zielgruppe fühlt sich dadurch eher angesprochen, und die Bewertungen wirken umso besser. Zusätzlich können Sie – je nach Struktur und Layout Ihrer Website – besonders gute Bewertungen in einer Box oder einem Bereich an der Seite noch einmal hervorheben. Diese Möglichkeiten haben Sie auf den Bewertungsplattformen leider nicht. Dort sind die Bewertungen chronologisch angeordnet und nicht nach Zielgruppen unterteilt. Insbesondere, wenn Sie mehrere Dienstleitungen anbieten oder keine homogene Zielgruppe haben – denken Sie an die Persona (Tipp 47) –, ist eine Fokussierung auf die jeweilige Persona oder Dienstleistung sinnvoll. Sortieren Sie Ihre Bewertungen einfach jeweils für die entsprechenden Adressaten. Wenn Sie für Ihre heterogene Zielgruppe zusätzlich eigene Unterseiten haben, dann bietet es sich natürlich an, Ihre Bewertungen dort zu platzieren.

Geben Sie den Kundenstimmen Persönlichkeit

Es ist wichtig, dass die Kundenstimmen glaubwürdig und persönlich sind. Wenn die Aussagen einen Namen haben oder sogar ein Gesicht, dann sind sie umso überzeugender. In den meisten Fällen werden Sie Ihre Kunden kennen. Bitten Sie sie doch um eine persönliche Bewertung und ein Foto – auch das fehlt übrigens auf den Bewertungsplattformen.

    Glaubwürdige Kundenstimmen haben folgende Elemente:

- Klarnamen: Vor- und Nachnamen
- echte Fotos
- eigene Erfahrung
- konkrete Aussage

    Im B2B-Bereich:

- Name des Unternehmens
- Logo des Unternehmens
- optional: Verlinkung zu XING-Profil, LinkedIn, Google+ etc.

Ganz einfach zu Ihren Kundenbewertungen

Eine wirkungsvolle und persönliche Bewertung ist eigentlich ganz einfach. Schauen Sie sich die Kundenmeinungen im B2B für Sensational Marketing einmal

„Die persönliche Betreuung ist nicht nur sehr freundlich und zuvorkommend, sondern auch immer sehr konkret und fundiert. Man hat immer das Gefühl gut aufgehoben zu sein."

Christos Esser – hygro care Esser GmbH

hygro care®
Esser GmbH
Stahldesign + Gefäßsysteme

Abb. 10 Persönliche Kundenstimme des Geschäftsführers von hygro care® für die Agentur Sensational Marketing. (Quelle: Sensational Marketing e. K. o. J.b)

an: https://sensational.marketing/ueber-uns/kundenstimmen/. Auch das Beispiel in Abb. 10 stammt aus den Kundenstimmen von Sensational Marketing und ist der Bewertung durch diesen Kunden über ProvenExpert entnommen.

Tipp 43: Zeigen Sie Ihre Auszeichnungen

Erinnern Sie sich an Ihren letzten Besuch in einem Freizeitpark? Stellen Sie sich vor, Sie stehen vor einer Achterbahn. Sie haben schon viel von der atemberaubenden Fahrt mit dieser Bahn gehört. Ziemlich schnell soll sie sein und viele Loopings haben. Doch zur freudigen Erwartung gesellt sich jetzt auch ein bisschen Angst. Ist die Achterbahn überhaupt sicher? Wurde sie schon einmal geprüft? Sie stehen jetzt in vorderster Reihe, gleich sind Sie dran. Gott sei Dank – da ist das TÜV-Zeichen, die Bahn wurde gerade erst einer technischen Prüfung unterzogen.

Auszeichnungen geben Sicherheit – in Achterbahnen oder im Web
Zugegeben – ganz so aufgeregt wie bei einer Achterbahnfahrt bin ich nicht, wenn ich einen Anbieter für eine Dienstleistung suche oder im Onlineshop etwas kaufen will. Aber dennoch bin ich immer beruhigt, wenn ein Onlineshop mit einem bekannten Prüfsiegel aufwarten kann. Ich weiß dann: Bei diesem Anbieter kann ich einkaufen, ohne dass ich mir Sorgen machen muss, dass etwas nicht reibungslos und ehrlich verläuft. Kurzum: Ich habe Vertrauen in den Anbieter.

Vermitteln Sie Sicherheit
Bewertungsplattformen wie Trusted Shops, ProvenExpert, aber auch spezielle Zertifikate, Qualitätsauszeichnungen oder Netzwerkembleme aus Ihrer Branche vermitteln auf Ihrer Website Sicherheit – und sorgen damit für eine erhöhte Konversionsrate. Auch wenn Sie keinen Shop betreiben, gibt es viele Möglichkeiten, eine Konversion

herbeizuführen: Vielleicht möchten Sie, dass Ihre Web-Besucher Ihren Newsletter abonnieren oder das Kontaktformular ausfüllen. Auch dafür sind Vertrauen und Sicherheit notwendig, schließlich überlässt Ihnen hier jemand seine Kontaktdaten und zeigt Bereitschaft, mit Ihnen zu kommunizieren.

Brancheneigene Auszeichnungen
Recherchieren Sie mögliche Auszeichnungen in Ihrer Branche. In Abb. 11 zeigt Naehszene.de auf der Homepage nicht nur das Trusted-Shops-Siegel, sondern auch die Mitgliedschaft im Nähmaschinen-Experten-Kreis (NEK). Finden Sie heraus, welche Auszeichnungen zu Ihrer Identität passen: Ein familiengeführtes Unternehmen könnte beispielsweise am Axia-Award der Wirtschaftswoche teilnehmen. Wenn Sie besonders umweltschonend produzieren, sollten sie versuchen, den „Blauen Engel" zu erhalten. Wurden Ihre Produkte schon einmal von der Zeitschrift Öko-Test unter die Lupe genommen und haben Sie eine gute Note bekommen? Dann zeigen Sie es. Vielleich spielen hohe Sicherheitsstandards in Ihrem Unternehmen eine wichtige Rolle? Oder sind Sie als Experte Teil eines professionellen Verbands? Dann bemühen Sie sich um ein entsprechendes Zertifikat oder nutzen Sie das Logo des Verbands. TÜV- Siegel, GS-Siegel, DIN ISO 9001 – was auch immer für Ihr Unternehmen infrage kommt, sollten Sie in Betracht ziehen.

Welche Auszeichnungen eignen sich?
Um herauszufinden, welche Auszeichnungen den besten Effekt für Ihr Unternehmen haben könnten, tragen Sie die möglichen Siegel und Zertifikate in eine Liste ein und schicken Sie diese Liste an fünf bis zehn Personen aus Ihrer Zielgruppe. Fragen Sie, welche davon den Empfängern bekannt sind. Mindestens drei Auszeichnungen sollten auf diese Weise in die engere Wahl kommen. Recherchieren Sie dann, welche Voraussetzungen Sie erfüllen oder welchen Prüfungen Sie sich unterziehen müssen, um das Zertifikat zu erhalten und mit dem dazugehörigen Siegel oder Logo werben zu dürfen.

Abb. 11 Auszeichnungen von Nähszene | Turmstoffe GmbH im Header. (Quelle: Nähszene | TURM-Stoffe GmbH o. J.)

Auszeichnungen für Ihr Unternehmen könnten u. a. sein

- DIN ISO 9001 Zertifikat (für Qualitätsmanagement)
- Kununu Top-Company (Bewertungsplattform für Arbeitgeber)
- Verbandszugehörigkeiten (zum Beispiel Verein Deutscher Ingenieure – VDI, Deutscher Journalistenverband – DJV etc.)
- Branchenawards (zum Beispiel „Innovationspreis des Handels", „German Design Award" etc.)

Zeigen Sie die Logos der Auszeichnungen prominent auf Ihrer Website. Wenn Sie mehrere Zertifizierungen vorweisen können, platzieren Sie das Logo mit dem größten Vertrauensvorschuss (zum Beispiel das TÜV-Logo oder das Trusted-Shops-Logo) weit oben im direkten Sichtfeld. Weitere Logos können Sie im Fußbereich der Seite rechts unten platzieren. Wenn Sie nur eine Auszeichnung haben, platzieren Sie diese selbstverständlich oben.

Siegel für mehr Vertrauen: Nicht „ob", sondern „wie"
Kümmern Sie sich um Auszeichnungen. Es lohnt sich! Ihre Konversionsraten werden sich merklich verbessern, wenn Sie durch bekannte Zertifikate zeigen, dass Sicherheit, Professionalität, Umweltschutz, Familienfreundlichkeit und vieles mehr eine wichtige Rolle in Ihrem Unternehmen spielen. Fragen Sie nicht „ob", sondern „wie" Sie die Auszeichnung(en) bekommen können. Fangen Sie an zu recherchieren und finden Sie heraus, welche Siegel für Sie und Ihre Kunden am wichtigsten sind.

Tipp 44: Social Proof – Hier ist was los!

Was für eine Hitze! Sehr heiß ist es diesen Sommer. Ein Eis wäre jetzt toll. Schnell. In Blickweite stehen zwei Eiswagen, fast nebeneinander. Nichts wie hin. Vor dem einen hat sich schon eine lange Schlange gebildet, vor dem anderen: kein Mensch. Und Sie? Stellen sich am Ende der langen Schlange an. Glauben Sie nicht? Ist aber so – es steckt in uns drin.

Der Masse folgen
„Soziale Bewährtheit" nennt der Psychologe Robert Cialdini dieses Verhalten (Cialdini 2010): Was andere machen, muss richtig sein. „Herdentrieb" oder „Nachahmungstäter" nennt es der Volksmund. Und im Vokabular des Online-Marketings hat es sich unter dem Begriff „Social Proof" einen festen Platz gesichert.

Große Zahlen schaffen Vertrauen

Das Portal jameda.de – eine Empfehlungsplattform für Ärzte – macht es vor (siehe Abb. 12): Mit 1,5 Mio. Bewertungen, 85.000 online buchbaren Terminen und 275.000 eingetragenen Ärzten zeigt Jameda, was auf der Plattform los ist. Das lässt Rückschlüsse auf die Größe des Portals zu, macht Eindruck und schafft Vertrauen. Denn wenn schon so viele Menschen hier erfolgreich Ärzteempfehlungen erhalten haben, kann ich sicher sein, dass auch ich auf dieser Plattform einen passenden Arzt finden werde. Das Portal verschafft mir nicht nur einen guten Überblick über die Ärzte, die für mein Problem infrage kommen, sondern liefert auch gleich noch Bewertungen von anderen Patienten. Kurz gesagt: Wo so viel los ist, da muss ich hin!

Zeigen Sie Ihre Social Proofs

Mit Social Proofs können Sie zeigen, dass auch bei Ihnen was los ist. Zahlen sind bestens geeignet, um die Webbesucher von Ihrem Unternehmen zu überzeugen, und die Umsetzungsmöglichkeiten sind vielfältig. Kommunizieren Sie zum Beispiel die Anzahl Ihrer

- Facebook Fans
- Bewertungen von zufriedenen Kunden für Ihr Unternehmen
- Bewertungen von zufriedenen Kunden für Ihr Produkt
- Kundenprojekte
- ausgelieferten Produkte
- Downloads von eigenen E-Books
- Kommentare auf Blog-Beiträge

Abb. 12 Social Proof auf der Ärzte-Empfehlungsplattform Jameda. (Quelle: jameda GmbH o. J.)

Dass die Social Proofs an prominenter Stelle platziert sein sollten, versteht sich von selbst. Jameda zeigt die Zahlen ganz oben im Header. Machen Sie es ebenso, und platzieren Sie Ihre Social Proofs immer an einer gut sichtbaren Position auf Ihrer Website.

Tipp 45: Erstellen Sie ein ausführliches Glossar

Nicht nur für Ihre Website-Besucher, sondern auch für die Suchmaschine ist ein Glossar mit ausführlichen Erläuterungen zu einem bestimmten Begriff ein echter Glücksfall. Ihre Besucher finden hier alles Wissenswerte zu den Fachbegriffen rund um Ihr Business. Und für Google und andere Suchmaschinen wird Ihre Seite aufgewertet, weil dort viele werthaltige und Nutzen bringende Inhalte aufgeführt sind.

Besseres Ranking
Das Schöne an einem Glossar auf Ihrer Website ist, dass Sie es jederzeit mit Begriffen rund um Ihr Business (und weit darüber hinaus) füllen und so Ihre Leserschaft Schritt für Schritt erweitern können. Mehr Websitebesucher in Kombination mit gutem, informativem und nützlichem Content – das führt zu einer höheren Relevanz Ihrer Website und damit zu einem merklich besseren Ranking.

Gut für die Suchmaschinenoptimierung (SEO)
Manche Keywords, mit denen Ihre Website gefunden werden soll, sind auf den normalen Unterseiten nur schwer zu optimieren. Schließlich wollen Sie keine Online-Textwüsten produzieren. Mithilfe eines Glossars können Sie solche Begriffe optimieren und Ihre normale Website mit langen Texten verschonen.

Eine eigene Unterseite für jeden Begriff
Achtung! In manchen Glossaren fällt auf, dass es nur eine Glossarseite gibt, auf der alle Begriffe erklärt werden oder dass die Erläuterungen in einem aufklappbaren Textelement stehen. Das ist für Ihre SEO nicht günstig. Legen Sie stattdessen für jedes Wort eine Unterseite an und verlinken Sie von einer Übersichtsseite auf den jeweiligen Begriff. Zusätzlich können Sie die Keywords von Ihrer „normalen" Website auf die Unterseiten des Glossars verlinken. Denn mit einer klaren Fokussierung sind die Seiten leichter zu finden – klarer Vorteil für Ihre SEO!

Ein Beispiel

Ein Unternehmen vertreibt Fitnessgeräte in einem Onlineshop. Im Glossar können die unterschiedlichen Geräte erklärt werden. Darüber hinaus können Websitebesucher im Glossar auch Erläuterungen zur Anatomie des Körpers (Muskeln, Bänder etc.) oder sogar zu medizinischen Zusammenhängen (Herz-Kreislauf-System, Übergewicht etc.) finden. Weitere Erklärungen könnte es zu Laufschuhen, Funktionsbekleidung bis hin zu verschiedenen Laufstilen oder Ernährungsfragen geben.

Dem Kind einen Namen geben

Wie Sie Ihre persönliche Begriffsammlung nennen, bleibt Ihnen überlassen. Sie können sie „Glossar" nennen oder „Lexikon" oder „Verzeichnis". Wichtig ist nur, dass Ihre Besucher verstehen, was sich dahinter verbirgt. Ein gutes Beispiel ist das Lexikon der Gründerszene, in dem Fachbegriffe aus Wirtschaft, Marketing und Unternehmertum erklärt sind.

Qualität und Quantität

Sie müssen natürlich nicht direkt 60.000 Begriffe aufnehmen, aber es sollten wenigstens so viele Keywords sein, dass der Begriff „Lexikon" oder „Glossar" auch seine Berechtigung hat. Setzen Sie Ihr Verzeichnis Schritt für Schritt um.

Nutzen Sie die Keywordrecherche (wie in Tipp 76 beschrieben), um zu wissen, nach welchen Begriffen die User in Google suchen. Bei vielen Begriffen herrscht ein hoher Konkurrenzdruck. Soll heißen: Diese Keywords sind besonders heiß umkämpft, um bei Google ganz oben zu stehen. Gerade bei solchen Schlüsselbegriffen sollten Sie Erläuterungen schreiben, die mindestens 500 Wörter enthalten. Denn damit Google ausgerechnet Ihren Text als relevant einstuft, müssen Sie einiges bieten – am besten mehr als Ihre Wettbewerber.

Durchforsten Sie Ihre Website und sammeln Sie alle Wörter, die man erklären könnte. Danach fangen Sie mit dem Schreiben an. Bieten Sie die besten Texte zu einem Begriff an, und schreiben Sie auf keinen Fall ab. Formulieren Sie flüssig und einfach. Vermeiden Sie werbliche Aussagen. Was für einen guten Text gilt, ist auch für die Seiten in Ihrem Glossar richtig. Beachten Sie die Hinweise in Tipp 28.

▶ **Übrigens** Denken Sie auch daran, dass viele Journalisten ihre Themen im Web recherchieren. Vielleicht stoßen sie dabei auf Ihre Website, finden hier die passenden Definitionen und Erklärungen und sprechen Sie an. Möglicherweise haben Sie mit Ihrem Glossar dann ganz nebenbei auch noch erfolgreich Pressearbeit betrieben.

Literatur

1&1 Internet SE (o. J.). Home. https://www.1und1.de/. Zugegriffen: 3. März 2017.

BIG Social Media (2013). Durchschnittsnote „Sehr Gut" nach aktiver Einladung. https://www.provenexpert.com/de/presse/studie-durchschnittsnote-sehr-gut-kundenfeedback-lohnt-sich-fuer-dienstleister/. Zugegriffen: 28. Feb. 2017.

Cialdini, R. B. (2010). *Die Psychologie des Überzeugens*. Bern: Huber.

FORIS AG (o. J.). Vorratsgesellschaften. https://www.foris.com/vorratsgesellschaften.html. Zugegriffen: 12. Apr. 2017.

Friedrich, K., Malik, F., & Seiwert, L. (2009). *Das große 1x1 der Erfolgsstrategie: EKS® – Erfolg durch Spezialisierung*. Offenbach: Gabal.

jameda GmbH (o. J.). Home. https://www.jameda.de/. Zugegriffen: 12. Apr. 2017.

Koch, D. (2012). *Website performance*. Frankfurt a. M.: Entwickler. Press.

Linden, G. (2006). Make data useful. http://www.gduchamp.com/media/StanfordDataMining.2006-11-28.pdf. Zugegriffen: 3. März 2017.

Mewes, W. (1985). *Die kybernetische Managementlehre (EKS)*. Frankfurt a. M.: Mewes.

Microsoft Canada (2015). Attention spans. https://advertising.microsoft.com/en/wwdocs/user/display/cl/researchreport/31966/en/microsoft-attention-spans-research-report.pdf. Zugegriffen: 31. März 2017.

Miller, G. A. (1956). The magical number seven, plus or minus two: Some limits on our capacity for processing information. *Psychological Review, 63*(2), 81–97.

Mittwald CM Service GmbH & Co. KG (o. J.). Home. https://www.mittwald.de/. Zugegriffen: 3. März 2017.

Nähszene | TURM-Stoffe GmbH (o. J.). Home. http://www.naehszene.de/. Zugegriffen: 12. Apr. 2017.

Pernice, K., Whitenton, K., & Nielsen, J. (2014). *How people read on the web – The eyetracking evidence*. Nielsen Norman Group. https://www.nngroup.com/reports/how-people-read-web-eyetracking-evidence/. Zugegriffen: 31. März 2017.

Schirmbacher, M. (2011). *Online-Marketing und Recht*. Hemsbach: mitp.

Sensational Marketing (o. J.a). Home. bastiansens.de/. Zugegriffen: 12. Apr. 2017.

Sensational Marketing (o. J.b). Home. https://bastiansens.de/. Zugegriffen: 12. Apr. 2017.

Sensational Marketing e. K. (o. J.a). Home. https://sensational.marketing/. Zugegriffen: 12. Apr. 2017.

Sensational Marketing e. K. (o. J.b). Kundenstimmen. https://sensational.marketing/. Zugegriffen: 12. Apr. 2017.

Unbounce (o. J.). Home. https://unbounce.com/de/. Zugegriffen: 28. Feb. 2017.

Legen Sie eine klare Online-Marketing-Strategie fest

Tipp 46: Definieren Sie Ziele für Ihre Website

Ziele, Ziele und noch mal Ziele. Immer wieder setzen Sie sich für Ihr Unternehmen Ziele.

So haben Sie konkret vor Augen, was Sie erreichen wollen, und führen nur Maßnahmen durch, die genau diese Ziele verfolgen.

Alle Ziele im Unternehmen folgen selbstverständlich den übergeordneten, von der Unternehmenskultur geprägten und strategisch entwickelten Oberzielen. Auf der Grundlage Ihrer Unternehmensziele können Sie Ihre Zieldefinition für fünf Jahre, drei Jahre, ein Jahr, das nächste Quartal, den kommenden Monat oder die nächste Woche formulieren. Selbst Tagesziele sind möglich und sinnvoll, insbesondere bei speziellen Angeboten (Black Friday etc.).

Wichtig dabei: Die Ziele müssen realistisch, angemessen, präzise, zeitlich eingeschränkt und vor allem messbar sein. Genau das ist gerade im Online-Bereich, und da speziell für Ihre Website, sehr leicht in die Tat umzusetzen. Nirgendwo anders werden Sie Ihre Ziele so gut definieren, in so enge Zeiträume fassen und in Zahlen sichtbar machen können. Denn die Überprüfung dieser Ziele ist mithilfe von Webanalyse-Tools wie Google Analytics oder Piwik ein Kinderspiel. Wenn Sie im nächsten Jahr 20.000 Besucher mehr pro Monat durch SEO erhalten möchten und die bisher definierten Keywords dieses Volumen nicht hergeben, müssen Sie entweder weitere Keywords definieren oder andere Maßnahmen, wie Google AdWords, ergreifen.

Innerhalb der Website-Ziele wiederum kann ein Unternehmen Ziele auch für einzelne Abteilungen definieren. Die Personalabteilung könnte beispielsweise anstreben, mehr Bewerbungen über die Website zu erhalten, der Vertrieb könnte im Sinn haben, mehr Anfragen über eine bestimmte Landing Page zu bekommen,

© Springer Fachmedien Wiesbaden GmbH 2017
B. Sens, *Schluss mit 08/15-Websites – so bringen Sie Ihr Online-Marketing auf Erfolgskurs*, DOI 10.1007/978-3-658-16496-6_3

und das Marketing will endlich erreichen, dass mehr Newsletter-Empfänger am Ende auf das Sonderangebot klicken als beim letzten Mal.

Es gibt viele Bereiche, in denen Sie die Ziele für Ihre Website definieren können. Nachstehend finden Sie eine relevante Auswahl:

Markenaufbau

- Anzahl der Website-Besucher (neu/wiederkehrend)
- Anzahl der Besucher über Traffic-Quellen
- Erwähnungen auf Social-Media-Plattformen sowie in Blogs und Foren

Leads

- Anzahl der Newsletter-Empfänger samt Öffnungs- und Klickraten
- Anzahl der Kontaktanfragen (E-Mails oder Telefonanrufe)
- Anzahl der Live-Chats

Sales

- Warenkorbgröße
- Konversionsrate (Umwandlung der Besucher in Kunden bzw. Kontaktanfragen)
- Bestellungen

Engagement

- Absprungrate
- Besuchszeit auf Ihrer Website
- Kommentare
- Durchschnittliche Verweildauer
- Seiten pro Besuch
- Anzahl der Facebook-, Twitter-Follower
- Anzahl der YouTube-Abonnenten
- Anzahl der Downloads für Ihren Content

Tipp 47: Definieren Sie Personae

Wenn Sie den Marketingplan für das kommende Jahr formulieren oder einen Blogartikel schreiben, haben Sie dafür immer eine konkrete Person vor Augen? Wissen Sie ganz konkret, welche Inhalte Ihre Zielgruppe sich wünscht und wo sich diese im Internet bewegt? Zu oft schreiben wir Inhalte schwammig, um eine möglichst größere Zielgruppe zu erreichen. Doch dadurch wirken wir nicht mehr griffig genug, insbesondere bei unserer gewünschten Zielgruppe. Wir sollten uns auf unsere Kernzielgruppe fokussieren und dabei auch gerne Ecken und Kanten haben.

Eine Zielgruppe anzusprechen, ist schwierig, zum einem, da sie oft nicht homogen ist, zum anderen, weil sie nicht greifbar ist. Betrachten Sie deswegen vielmehr die Menschen dahinter. Ein gutes Hilfsmittel für eine zielgerichtete Ausrichtung nicht nur Ihres Marketings, sondern auch Ihrer Unternehmenskommunikation, ist das Kreieren von Personae.

Eine Persona ist eine fiktive Person, die dennoch konkrete Eigenschaften besitzt und stellvertretend für die Menschen Ihrer Zielgruppe steht. Neben den Eigenschaften Ihrer Persona sollten Sie sich auch beispielhaft ein Bild von Ihrem Zielkunden aus dem Internet herunterladen und neben Ihre Definition der Persona setzen. Geben Sie Ihrer Persona zuletzt einen Namen. So bekommt die vorher noch recht schwammige Zielgruppe Kontur, Sie sprechen nun gezielt Menschen an, statt eine anonyme Gruppe – das wird sich in der Qualität Ihres Marketings zeigen In Abb. 1 sehen Sie eine Persona für dieses Buch. Dirk, ein Unternehmer aus Leverkusen, 43 Jahre alt mit seinen Charaktereigenschaften, Hobbys und favorisierten Marken.

Anhand der Persona-Beschreibung können Sie sich jetzt immer fragen: Würde sich Peter für diesen Blogartikel oder für dieses Seminar interessieren? Würde Katrin diesen Facebook-Eintrag lesen? Definieren Sie ruhig zwei, drei Persona, insbesondere wenn Ihre Zielgruppe breit aufgestellt ist. Wichtig ist, dass Sie sich

> Name	> Dirk
> Alter, Geschlecht	> 43 Jahre, männlich
> Wohnort	> Leverkusen
> Rolle, Position	> Geschäftsführer
> Charakter	> Zielstrebig, ehrgeizig, familienorientiert
> Hobbies	> Motorrad, Golfen
> Marken	> Audi, Seidensticker, Apple
> Hard- und Software- ausstattung	> Apple Macbook Air13 Zoll, Apple iPhone6
> Surfverhalten im Web: Welche Seiten werden üblicherweise besucht?	> kicker.de, Spiegel.de

Abb. 1 Beispielhafte Persona für dieses Buch

darauf beschränken und Ihre Marketingmaßnahmen voll auf diese Persona(e) ausrichten. Grundlage der Definition Ihrer Persona sollte stets Ihre Positionierung sein: Wen möchten Sie ansprechen und wen sprechen Sie tatsächlich an?

Tipp 48: Besser verkaufen mit der Limbic Map®

Was haben Sie zuletzt gekauft? Und was glauben Sie, welche Beweggründe Sie dazu gebracht haben? Vernunft? Ein unschlagbares Angebot? Ihre freie Entscheidung? Vergessen Sie's. Fast alles, was Sie tun, geht auf das limbische System in Ihrem Gehirn zurück. Und das bedeutet: Ihr Handeln und Ihre Entscheidungen erfolgen aufgrund von Strukturen, die Sie rational nicht steuern können, weil sie Ihrer Kontrolle weitestgehend entzogen sind. Tja …

Unbewusstes und Emotionales

Ich habe mir letztes Jahr ein neues Auto gekauft: einen Audi A3 mit Sportpaket. Ich könnte jetzt argumentieren, dass das Angebot einfach sehr gut war, dass Audi mich überzeugt, weil die Technik so toll ist oder der relativ vernünftige Benzinverbrauch in meinen Augen für den Kauf sprach. Doch das sind alles rationale Argumente. In Wirklichkeit habe ich das Auto gekauft, weil es meiner Persönlichkeit entspricht und weil mein limbisches System die Entscheidung für mich schon getroffen hatte, bevor ich über rationale Argumente überhaupt nachdenken konnte. Unbewusstes und Emotionen standen beim Kauf im Vordergrund.

Welcher „limbische Typ" sind Sie? Machen Sie den Kurztest mit acht Fragen direkt bei Dr. Häusel: https://bastiansens.de/outlimbic.

„Kaufentscheidung ist eine Benutzer-Illusion"

Der Psychologe und Vordenker auf dem Feld des Neuromarketings, Dr. Hans-Georg Häusel, der auch das Geleitwort für dieses Buch geschrieben hat, stellt in seinen Forschungen und Publikationen heraus, dass über 70 % aller Entscheidungen emotional getroffen werden (Häusel 2014). Er kommt zu dem Schluss, dass wir, „wenn wir eine Kaufentscheidung treffen, das Erlebnis [haben], bewusst selbst zu entscheiden. Aber dieses Erlebnis ist, wie die Hirnforschung sagt, eine ‚Benutzer-Illusion‘" (Häusel 2011, S. 234).

Das limbische System

Das limbische System geht – wie die Abb. 2 zeigt – von drei Bedürfnissen aus, die unsere (Kauf-)Entscheidungen und im Grunde unser gesamtes Verhalten steuern:

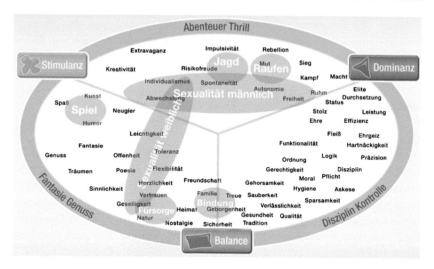

Abb. 2 Limbic Map® nach Dr. Häusel, Gruppe Nymphenburg Consult AG. (Quelle: Gruppe Nymphenburg o. J.)

- Balance
- Dominanz
- Stimulanz

Zwischen diesen Bedürfnissen finden sich die verschiedenen Motivationen, die das Verhalten auslösen:

- Disziplin/Kontrolle
- Fantasie/Genuss
- Abenteuer/Thrill

Ordnen Sie Ihre Zielgruppe/n ein

Was heißt das alles nun für Ihr Online-Marketing? Ganz einfach: Nutzen Sie die Prinzipien des limbischen Systems. Ordnen Sie Ihre Zielgruppen anhand dieser Bedürfnisse und Motivationen ein und richten Sie Ihre Aktivitäten daran aus.

Wenn Sie den Test gemacht haben, wissen Sie, welcher Typ Sie persönlich sind. Jetzt ist Ihre Zielgruppe dran. Machen Sie den Test mit der Persona oder den Personae, die Ihre Zielgruppe/n repräsentiert bzw. repräsentieren (siehe Tipp 47). Geben Sie mindestens fünf Personen diesen Test. Je mehr, desto besser.

Wenn sich beispielsweise herausstellt, dass Dominanztypen den Hauptteil Ihrer Zielgruppe ausmachen, dann sollten Sie vermehrt die Begriffe aus diesem Sektor verwenden und auch Ihre Bilderwelten darauf ausrichten. Fokussieren Sie Ihre Marke vollständig auf diese Werte und spiegeln Sie sie in Ihrem Produkt, Ihrem Service, Ihrer PR, ja sogar in Ihrem Erscheinungsbild und in allen Belangen wider, mit denen Ihre Kunden in Berührung kommen.

Ich bin ein Dominanztyp

Zurück zu meinem Audi: Mit seinem Kauf, so weiß ich heute, hatte ich den unbewussten Wunsch, ein Statussymbol zu besitzen. In den beschriebenen Bedürfnissen gehört dieser Wunsch in den Bereich der Dominanz. Und genau auf diesen Bereich zielt Audi mit seiner Kommunikation. Fällt Ihnen spontan der Werbeslogan von Audi ein? Richtig: „Vorsprung durch Technik". Vorsprung = Dominanz. BMW hingegen hatte mich weniger angesprochen. Warum? Für mich eine klare Sache: BMW zielt eher auf Stimulanztypen ab. Der Slogan: „Freude am Fahren".

Bier für Abenteurer, Bier für Naturliebhaber

Ein weiteres Beispiel gefällig? Bitte sehr: Mit dem Wissen um das limbische System finde ich auch Biermarken sehr interessant: Beck's wirbt mit Seglern, begleitet von Joe Cockers „Sail away". Achtung: Abenteuer! Das Unternehmen fährt gut damit, Beck's gilt als eine der stärksten Biermarken. Ähnlich wie Krombacher, allerdings mit einer anderen Fokussierung: Rette den Regenwald – Das bedeutet Balance mit dem vorrangigen Bedürfnis nach schöner Natur.

Dominanz, Stimulanz, Balance

Beobachten Sie ab jetzt die Marken und ihr Marketing unter den Aspekten des limbischen Systems. Was überwiegt? Wen sprechen die Unternehmen an? Beobachten Sie sich selbst. Was kaufen Sie? Und warum? Versetzen Sie sich auch selbst in Ihre Zielgruppen/n. Sie werden schnell merken, dass sich alles um diese einfachen Prinzipien dreht: Dominanz, Stimulanz, Balance. Nicht mehr – vor allem aber auch nicht weniger.

Tipp 49: Handeln Sie nach dem AIDAL-Modell

AIDA? Das war doch was mit Marketing ... Genau – vermutlich kennen Sie das AIDA-Modell: Attention – Interest – Desire – Action. Der US-amerikanische Werbestratege Elmo Lewis (1872–1948) entwickelte es, um die vier Stadien zu beschreiben, die ein Konsument durchläuft, wenn er etwas kauft. Im Grundsatz ist es noch heute gültig, auch wenn man inzwischen weiß, dass die einzelnen Schritte nicht fein getrennt nacheinander ablaufen, sondern sich auch überschneiden können.

„L" wie Loyality
Außerdem – und da kommt das „L" bei „AIDA*L*" ins Spiel – berücksichtigt es zum Beispiel nicht, was mit dem Kunden passiert, nachdem er seinen Kauf getätigt hat. „Loyality" heißt hier meine fünfte Stufe im Modell. Machen Sie Ihren Kunden also loyal, binden Sie ihn an sich und Ihr Unternehmen, mit Aktionen, Vorteilen, Gewinnspielen, Newslettern, kostenlosen Inhalten, die ihm nutzen, etc. (siehe Abb. 3).

Customer Journey
Zu guter Letzt: Verbinden Sie das Modell immer mit Personae (siehe Tipp 47). Die Idee dabei ist, die unterschiedlichen Personae mit ihrem verschiedenen Vorwissen auch an unterschiedlichen Stellen im Modell einzuordnen. Das klassische AIDA-Modell erfährt somit nicht nur eine Erweiterung um die Phase „Loyalität", sondern wird sinnvoll mit einer Art „Customer Journey" verknüpft – der Reise, die ein Kunde mit einem Produkt oder einem Unternehmen durchlebt.

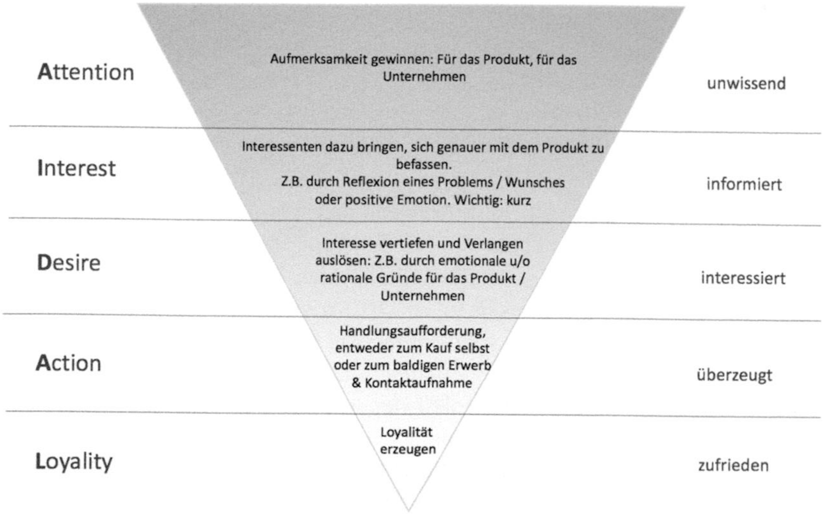

Attention	Aufmerksamkeit gewinnen: Für das Produkt, für das Unternehmen	unwissend
Interest	Interessenten dazu bringen, sich genauer mit dem Produkt zu befassen. Z.B. durch Reflexion eines Problems / Wunsches oder positive Emotion. Wichtig: kurz	informiert
Desire	Interesse vertiefen und Verlangen auslösen: Z.B. durch emotionale u/o rationale Gründe für das Produkt / Unternehmen	interessiert
Action	Handlungsaufforderung, entweder zum Kauf selbst oder zum baldigen Erwerb & Kontaktaufnahme	überzeugt
Loyality	Loyalität erzeugen	zufrieden

Abb. 3 AIDAL-Modell

Das AIDA*L*-Modell in Kombination mit der Customer Journey

Das klassische AIDA-Modell betrachtet die Zielgruppe als sehr homogen. Damit ist es starr, denn es geht davon aus, dass wir Konsumenten auf ein Produkt oder ein Unternehmen aufmerksam machen müssen, um sie am Ende über Interesse und Verlangen zu einer Aktion, im optimalen Fall zu einem Kauf, zu bewegen. Doch Zielgruppen sind nicht homogen, sie bestehen aus Menschen, die vielleicht ähnliche Interessen, aber unterschiedliches Wissen über ein Unternehmen und die angebotenen Produkte haben.

Personae: Einstieg je nach Wissensstand

Im AIDA*L*-Modell steigt daher jede Persona – je nach ihrem Wissensstand – in eine andere Phase des Prozesses ein. Zusätzlich können wir noch jede Persona in drei Stadien unterteilen: **Beginner** (kennt das Produkt und/oder das Unternehmen nicht), **Advanced** (kennt einige Produkte; vielleicht auch das Unternehmen, bringt also erstes Wissen mit) und **Profi** (hat tief gehendes Branchen- und/oder Produktwissen).

Für die Einordnung ist es sinnvoll, sich in die einzelnen Personae hineinzuversetzen. Am Beispiel der hygro care Esser GmbH (www.hygrocare.com), eines Herstellers von Stadtmobiliar (Bänke, Abfallbehälter, Pflanzgefäße etc.), wollen wir uns die Phasen im Einzelnen ansehen:

- **A |** Ein **Beginner** informiert sich allgemein, er sucht mit allgemeinen, generischen Keywords, zum Beispiel „Möbel für Innenstädte", „Parkbank", „Stadtmobiliar" etc. Sein Einstieg ins AIDA*L*- Modell erfolgt daher tatsächlich auch am Anfang, bei **Attention** – Aufmerksamkeit. Deswegen optimiert hygro care® seine Zielseiten im Web in dieser Phase nach generischen Keywords wie den genannten.
- **I |** Ist die Zielgruppe bereits informiert und kann als **Advanced** eingestuft werden, wird die Recherche konkreter. Die Personae informieren sich detaillierter über den Anbieter und sein Angebot, ihr Einstieg ist **Interest** – Interesse. Sie suchen bereits nach bestimmten Eigenschaften und Alleinstellungsmerkmalen, also ist auch die Suchanfrage fokussierter. Ein potenzieller hygro care®-Kunde sucht zum Beispiel nach „Stadtmobiliar Stahl". Doch Vorsicht: Hier gilt die Devise „weniger ist mehr". Jetzt darf der Anbieter den Besucher nicht mit zu vielen Infos erschlagen, denn das Interesse soll in dieser Phase ja erst entstehen.
- **D |** Ist das Interesse erst einmal geweckt oder handelt es sich um einen Profi, der direkt bei **Desire** – Verlangen einsteigt, dann sucht der Kunde noch detaillierteres Wissen über den Anbieter: Er schaut sich zum Beispiel die Social-Media-Profile, Bilder oder Videos an und prüft, ob er dort weitere

Informationen findet. Jetzt entsteht das emotionale Verlangen nach dem Produkt oder der Dienstleistung.

- **A |** Konnte der Anbieter mit seinen Inhalten überzeugen? Wenn ja, dann tritt der Kunde jetzt in Aktion. **Action** heißt: Der Nutzer sucht den Kontakt zum Unternehmen per Telefon oder E-Mail, kommt vielleicht ins lokale Geschäft oder bestellt im besten Fall direkt online. Damit es an dieser entscheidenden Stelle nicht zum Abbruch kommt, muss die Kontaktaufnahme so leicht wie möglich sein, zum Beispiel durch die Telefonnummer und/oder einen Link zum Kontaktformular, gut sichtbar im oberen Bereich der Website. Falls es einen Laden gibt, empfiehlt sich neben der genauen Adresse (obligatorisch) eine Karte samt Routenplaner.

- **L |** Der Kunde hat gekauft. Und jetzt? Kundenbindung ist angesagt. Schließlich soll die **Loyalität** des Kunden hergestellt werden, auf dass er künftig sein Stadtmobiliar immer bei der Firma bestelle. Neuer Katalog, neue Website? Sagen Sie ihm kurz Bescheid. Sie veranstalten eine Hausmesse? Laden Sie ihn ein. Sonderangebot: Teilen Sie es ihm mit. Newsletter, Gewinnspiel? Schicken Sie ihm alle Infos. Bleiben Sie am Ball und hören Sie Ihrerseits auch gut hin, wenn Ihr Kunde Ihnen etwas mitteilt. Kurz gesagt: Schaffen Sie die Voraussetzungen für eine gute Kundenbeziehung.

Tipp 50: Werden Sie zu einer Marke

„Rangen Ende des 20. Jahrhunderts (1997) noch ca. 2,5 Mio. Marken um die Aufmerksamkeit einer weltweiten Käuferschicht, so sind es 2013 geschätzt über 10 Mio. Marken, die kommunikativ aktiv sind" (Sammer 2014, S. 13). All diese Marken kämpfen also um die Aufmerksamkeit der Zielgruppe, ebenfalls im Internet. Doch was bedeutet „Marke" eigentlich? Das sind all die Eigenschaften eines Unternehmens, mit denen es sich von anderen Wettbewerbern unterscheidet.

Durch das Internet können wir als potenzielle Kunden leicht und schnell alle möglichen Anbieter identifizieren und versuchen, diese zu unterscheiden: Ist der Anbieter vertrauenswürdig? Ist er mir sympathisch? Wofür steht das Unternehmen? Dies sind die ersten Ansätze des Markencharakters eines Unternehmens und sie spiegeln sich auf dessen Website wider. Geben Sie Ihrem Unternehmen und Ihrer Website ein Gesicht! Sicherlich braucht dies viel Mut, denn Sie positionieren sich klar und deutlich zu einem Thema. Das meinen auch die Buchautoren Berndt und Henkel (2014, S. 21): „Mut zu Einzigartigkeit und Kontinuität sind Marken bildende Faktoren. Wer sich ständig verändert, wird nicht wiedererkannt."

Praxisbeispiel

IKEA soll uns als Vorbild dienen: Kein anderes Möbelunternehmen ist so markant wie dieser Weltmarktführer. Das 1943 in Schweden gegründete Unternehmen schafft es durch intelligente Werbung, in den Köpfen der Menschen zu bleiben. Vermutlich erkennen die meisten von uns die Stimme mit dem niedlichen schwedischen Akzent, ohne auch nur den Werbespot zu sehen, wieder. Auch die Website ist im typischen IKEA-Design aufgebaut und lässt sich auf den ersten Blick dem Möbelhaus zuordnen.

Ikea schafft es, uns auf allen Kommunikationsebenen seine Unternehmenswerte zu vermitteln. Nicht nur in der Werbung, auch auf der Website stolpern wir immer wieder über das IKEA Konzept oder die eigenen Werte: „Wir fragen uns ständig: Wie können wir es noch besser machen?", heißt es wiederholt auf der Unterseite „Das IKEA Konzept". Die IKEA Werte haben sogar eine eigene Unterseite, die bei „Arbeiten bei IKEA" zu finden sind: http://bastiansens.de/outikea.

So schafft es IKEA, unbewusst in unseren Köpfen zu bleiben. Probieren Sie es aus und vervollständigen Sie bitte einmal folgende Markenwerte von IKEA:

- Qualität:
- Kundenansprache:
- Kundendienst:
- Preisgefüge:

Des Weiteren nennt IKEA den Winterschlussverkauf in Deutschland nicht einfach WSV wie alle anderen Möbelhäuser. Nein, IKEA nennt ihn „Knut". Wenn die Weihnachtsbäume wieder vom Balkon auf die Straße geschmissen werden, wissen wir, dass es wieder Knut-Zeit ist (siehe auch Abb. 4). Das macht IKEA so einzigartig, solche besonderen Kreationen und Stimmungen bleiben haften. Zugegeben hat IKEA auch einen recht großen Werbeetat, doch soll Ihnen das smarte schwedische Unternehmen als gutes Beispiel für Markenbildung dienen.

Werden Sie zu einer Marke

Um Ihren Markencharakter herauszuarbeiten, sollten Sie zwei Sichtweisen berücksichtigen: Die unternehmensinterne und die -externe. Einfacher ist die interne Analyse bei inhabergeführten Unternehmen: Fragen Sie sich selbst, was Ihnen wichtig ist und welche Werte Sie vertreten. Sind Sie zuverlässig? Innovativ? Kreativ? Durchsetzungsfähig? Machen Sie am besten ein Brainstorming und notieren Sie Ihre Ideen. Fragen Sie bitte auch Ihre Mitarbeiter. Erweitern Sie nun die Liste mit der externen Sicht. Fragen Sie Kunden, Partner und Freunde, welche Werte sie mit Ihnen in Verbindung bringen. Kleiner Tipp dazu: Fragen Sie

Abb. 4 Typisch IKEA: knut Schlussverkauf 2016/2017. (Quelle: IKEA Deutschland GmbH & Co. KG o. J.)

konkret nach fünf Werten, so erhält Ihr Partner eine Richtgröße und nennt nur die wichtigsten. Zuletzt können Sie die Listen zusammenführen und die häufigsten Nennungen herausstellen. Diese sind nun der erste Teil Ihrer Marke.

Das Ende der Plattitüden

Kommen wir zum zweiten Teil Ihrer Marke: der näheren Definition Ihrer Werte. Laut mehreren Studien definieren 40 % der Unternehmen „Qualität" und 25 % „Innovation" als Markenwert (Killian 2012). Diese Werte kann jeder für sich in Anspruch nehmen, sie klingen aber auch für jeden einfach abgedroschen. Erweitern wir den Satz jedoch mit konkreten Fakten, dann glauben wir an diese Werte: „Wir stehen für Qualität, weil sämtliche Schuhe von unseren Fachkräften handgenäht werden. Darüber hinaus überzeugen wir mit unserem persönlichen, TÜV-geprüften Service."

Falls noch nicht geschehen: Sie sollten jetzt mit der Markenführung beginnen, denn erst dadurch bleiben Sie auch in den Köpfen Ihrer Website-Besucher und Interessenten.

Tipp 51: Schaffen Sie Vertrauen mit dem Stufen-Modell

Werbeversprechen, gefälschte Bewertungen und ein Überangebot an Anbietern für ein und dasselbe Produkt oder ein und dieselbe Dienstleistung prasseln tagtäglich auf Konsumenten ein. Kein Wunder, dass unsere potenziellen Kunden zunächst skeptisch und verunsichert sind, insbesondere, wenn sie uns noch nicht kennen. Kommen hohe Preise für ein Produkt oder Dienstleistung hinzu, steigt das wahrgenommene Risiko des Konsumenten, denn jetzt könnte er Geld verlieren. Die Hemmschwelle zum Kauf eines teuren Produkts bei einem unbekannten Anbieter ist also besonders hoch.

Um das Vertrauen Ihrer potenziellen Kunden zu gewinnen und gleichzeitig die Hemmschwelle zu senken, empfehle ich Ihnen ein Herantasten an die hochpreisigen Produkte. Onlineshops haben es da wesentlich leichter, sie bieten oft Produkte in Einsteiger- und Premiumqualität und mit entsprechend unterschiedlichen Preisen an. Das Stufenmodell entsteht ganz automatisch. Geht das aufgrund der Produktpalette nicht, können Sie ganz einfach selbst ein Stufenmodell erstellen.

Dazu empfehle ich Ihnen ein scheinbares Paradoxon: Verschenken Sie etwas, um schließlich das zu verkaufen, was sie verkaufen wollen. Ich spreche hier nicht von Kugelschreibern, Tassen oder Kalendern. Nein, ich spreche von eher hochwertigen Dingen, die Sie verschenken sollen: E-Books, Videos, nutzbringende Ratgeber. Schauen Sie sich dazu auch Tipp 26 an. Indem Sie etwas verschenken, greift das Prinzip der Reziprozität. Das soziologische Phänomen ist so einfach wie effektiv: Wer ein Geschenk erhält, möchte sich revanchieren (Cialdini 2010).

Mit dem Stufen-Modell (vgl. Abb. 5) schaffen Sie zweierlei:

- Sie überzeugen mit Ihrer Expertise, indem Sie sich als Kenner auf Ihrem Gebiet ausweisen und für ein wichtiges Merkmal stehen: Qualität.
- Gleichzeitig senken Sie die Hemmschwelle, indem Sie Ihre potenziellen Kunden stufenweise, wie in einen Trichter, auf Ihr eigenes Produkt hinlenken.

Soweit der Vorgeschmack auf Ihr Angebot und damit die erste Stufe Ihres Stufenmodells. Der Beschenkte hat jetzt Lust auf mehr – und ist sogar bereit, etwas dafür zu bezahlen (denn er weiß ja, dass er Qualität bekommt). Jetzt müssen Sie

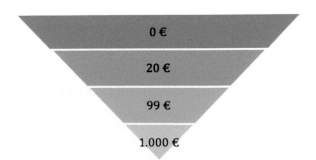

Abb. 5 Beispielhaftes Stufen-Modell für einen leichten Einstieg

etwas bieten, das dem Interessenten wichtig ist, aber es darf nicht zu teuer sein. Stufe zwei des Stufenmodells ist gezündet, der erste Vertrag zwischen Ihnen und Ihrem Kunden ist geschlossen.

Nach und nach kommen weitere Stufen hinzu: zuerst eine exklusive Checkliste, dann ein Buch, danach eine Klub-Mitgliedschaft – bis hin zu dem, was Sie eigentlich verkaufen wollen, zum Beispiel Ihr 1000-EUR-Produkt.

Praxisbeispiel

Der Unternehmer, Autor und Redner Dr. Stefan Frädrich geht folgendermaßen vor (die Preise sind exemplarisch):

- **Stufe 1:** kostenlose Videos seiner Veranstaltungen auf der Website www. gedankentanken.com und Facebook
- **Stufe 2:** Bücher von ihm als Autor für ca. 20,00 EUR
- **Stufe 3:** ein Ticket für 99,00 EUR für sein Event „Gedankentanken Nacht", wo viele Redner Ihnen jeweils innerhalb von 20 min hilfreiche Tipps geben
- **Stufe 4:** das Ziel: seine Akademie; Kosten: 1000 EUR monatlich, Laufzeit: ein Jahr

Dieses Beispiel soll Ihnen eine Vorstellung davon geben, was möglich ist. Bedenken Sie bitte: Dieses Stufenmodell ist insbesondere für unbekannte Unternehmen interessant, die sich erst noch am Markt behaupten müssen. Bei bekannten Marken ist das Vertrauen in den meisten Fällen schon vorhanden.

Tipp 52: Seien Sie online präsent – aber nur gezielt

Sie sind auf Facebook, Twitter, Instagram, YouTube und Google aktiv? Zusätzlich schreiben Sie Blogartikel und Pressemitteilungen, kontaktieren die Presse und, und, und ... Doch ist das wirklich zielführend? Seien Sie nicht zu jeder Zeit an jedem Ort – das lohnt sich meistens nur für die Big Player wie Coca-Cola, die Massenprodukte anbieten.

Kunden kaufen, um ihren Bedarf zu befriedigen bzw. etwas zu erreichen. Sie möchten den Besten, die Nummer eins, für sich finden. Seien Sie die Nummer eins in den Köpfen Ihrer Zielgruppe für Ihre Nische!

Untersuchen Sie Ihre Zielgruppe

Doch wie werden Sie die Nummer eins bei Ihrer Zielgruppe? Seien Sie online immer dort, wo Ihre Zielgruppe ist. Wo das ist, können Sie konkret analysieren:

- Sie wissen, ob und wie oft nach Ihrer Leistung in Google gesucht wird, indem Sie mit dem Google AdWords Keyword-Planer (http://bastiansens.de/outkeyword) das Suchverhalten analysieren.
- Sie wissen, ob und wie viele Personen in Facebook Interesse für Ihr Themengebiet zeigen, indem sie bspw. in den letzten zwei Wochen nach Reisen gesucht haben. Mit Facebook Werbeanzeigen können Sie dies analysieren. Sobald Sie die Interessen der Zielgruppe dort angeben, erscheint eine prognostizierte Anzahl der zu erreichenden Personen.
- Sie kennen und verstehen Ihre Kunden, indem Sie Umfragen zum Beispiel mit Google Docs Formular oder Polldaddy auf Ihrer Website generieren oder im direkten Kundenkontakt nach den Informationsquellen der Kunden fragen.
- Sie wissen, ob und auf welchen Social-Media-Portalen sich Ihre Zielgruppe bewegt, indem Sie Studien und Statistiken zu demografischen Daten für Social-Media-Portale, unter anderem auf Allfacebook.de, aufrufen: http://bastiansens.de/outstatistik.

Zusätzlich sollten Sie Ihre eigenen Besucherdaten analysieren. Sie sehen, wie Ihre bisherigen Online-Marketing-Maßnahmen liefen, indem Sie die Klick- & Conversion-Rate analysieren. Gehen Sie dazu in Google Analytics auf „Akquise – Alle Zugriffe – Quelle/Medium", stellen Sie rechts oben den Zeitraum zum Beispiel auf die letzten zwölf Monate ein. Anschließend sehen Sie die einzelnen Besucherquellen für diesen Zeitraum. Suchen Sie sich die vielversprechendste heraus und optimieren Sie diese Maßnahmen.

Die durch die Analysen gewonnenen Informationen sollten Sie nutzen, um gezielt die Online-Marketing-Maßnahmen zu bestimmen. Genau dort, wo Ihr potenzieller Kunde sich aufhält, sollten Sie omnipräsent sein!

Es kostet Sie nur Kraft, Zeit und Geld, in einen Kanal zu investieren, der Ihre Zielgruppe nicht oder kaum erreicht. Ab sofort investieren Sie nur noch gezielt. Sie können bestimmte Maßnahmen antesten und bei Wirksamkeit diese Maßnahmen mit voller Kraft angehen.

Literatur

Berndt, J. C., & Henkel, S. (2014). *Brand new: Was starke Marken heute wirklich brauchen*. München: Redline.

Cialdini, R. B. (2010). *Die Psychologie des Überzeugens*. Bern: Huber.

Gruppe Nymphenburg. (o. J.). Die Welt der Motive und Werte hinter Ihrer Marke auf einen Blick. http://www.nymphenburg.de/limbic-map.html. Zugegriffen: 12. Apr. 2017.

Häusel, H. G. (2011). *Wie Marken wirken. Impulse aus der Neuroökonomie für die Markenführung*. Vahlen: München.

Häusel, H. G. (2014). *Think limbic. Die Macht des Unbewussten nutzen für Management und Verkauf*. Freiburg: Haufe.

IKEA Deutschland GmbH & Co. KG. (o. J.). Angebote. http://www.ikea.com/de/de/. Zugegriffen: 02. Jan. 2017.

Killian, K. (2012). Markenwerte, welche Markenwerte? *Markenartikel, 12*, 64–66. http://www.markenlexikon.com/texte/ma_kilian_markenwerte_05_2012.pdf. Zugegriffen: 31. Mär. 2017.

Sammer, P. (2014). *Storytelling. Die Zukunft von PR und Marketing*. Köln: O'Reilly.

Optimieren Sie mit Google Analytics

Tipp 53: Analysieren Sie Ihre Besucher mit Google Analytics

Die digitale Welt ist wunderbar. Jedenfalls für uns, die wir aus der Analyse von Besuchern unserer Website viele Rückschlüsse für unser Online-Marketing ziehen können. Wie viel Umsatz kommt über meine Website? Auf welchen Seiten halten sich die Besucher am längsten auf? Woher kommen sie? Und über welchen Backlink erreichen besonders viele User meine Präsenz im Web? Über diese und viele weitere Fragen gibt uns Google Analytics Aufschluss. Das Ziel: detaillierte Analysen über Ihre potenziellen Kunden, auf deren Basis Sie Optimierungsmaßnahmen vornehmen können.

Google Analytics einbinden
Falls Sie Google Analytics noch nicht nutzen, müssen Sie zunächst einen kleinen Code in den Quelltext (das HTML) Ihrer Website implementieren. Beachten Sie bitte Tipp 54, in dem Sie alles zum rechtskonformen Einsatz von Google Analytics erfahren. Bitten Sie den zuständigen Mitarbeiter in Ihrem Unternehmen oder Ihren externen Dienstleister, den Code einzubinden, wenn Sie es nicht selbst machen können. Am besten platzieren Sie gleich den Google Tag Manager im Body Ihres HTML-Codes. Darüber können Sie später neben Analytics noch viele weitere nützliche Code-Snippets mit einer einfachen Benutzeroberfläche einbinden. Alles Wissenswerte über den Tag Manager erfahren Sie in Tipp 66.

Die Zielgruppenanalyse
Jetzt kann es losgehen. Schauen Sie sich an, welche Daten Google Analytics Ihnen bietet. Da sich hier oft etwas ändert, sollten Sie regelmäßig prüfen, welche

© Springer Fachmedien Wiesbaden GmbH 2017
B. Sens, *Schluss mit 08/15-Websites – so bringen Sie Ihr Online-Marketing auf Erfolgskurs,* DOI 10.1007/978-3-658-16496-6_4

neuen Analysemöglichkeiten hinzugekommen sind. Die zunächst wichtigsten Zahlen finden Sie unter dem Punkt „Zielgruppe"/„Übersicht". Wählen Sie oben rechts den Zeitraum, den Sie analysieren möchten. Hier können Sie auch einen Vergleichszeitraum einstellen, zum Beispiel dieselbe Zeitspanne des Vorjahres oder den vorangegangenen Monat. In der Übersicht selbst können Sie jetzt bestimmen, wie detailliert die Angaben sein sollen – täglich, wöchentlich, monatlich. Wenn Sie längere Zeiträume betrachten wollen, ist die Darstellung auf Monatsbasis am übersichtlichsten.

Begriffserklärung
Was die in Google Analytics verwendeten Begriffe im Einzelnen bedeuten, erläutere ich nachstehend:

- **Sitzungen:** Ein Nutzer kann eine Website mehrfach aufrufen, jeder neue Aufruf ist eine Sitzung.
- **Nutzer:** Das sind User mit mindestens einer Sitzung im ausgewählten Zeitraum.
- **Seitenaufrufe:** Zur Gesamtzahl der aufgerufenen Seiten werden auch wiederholte Aufrufe gezählt.
- **Seiten/Sitzung:** Hierbei handelt es sich um die durchschnittliche Anzahl vonseiten, die pro Sitzung aufgerufen werden.
- **Durchschnittliche Sitzungsdauer:** So lange bleiben die Besucher im Durchschnitt auf Ihrer Website.
- **Absprungrate:** Dieser Wert beschreibt den prozentualen Anteil von Besuchern, die die Webseite direkt wieder verlassen haben, ohne eine andere Seite aufzurufen.

Diese Angaben können Sie zueinander in Bezug setzen („im Vergleich zu" (Messwert)).

Unter dem Diagramm (vgl. Abb. 1) finden Sie Informationen zu demografischen und technischen Merkmalen. Hier können Sie sehen, aus welchen Ländern und Städten Ihre Website-Besucher kommen und welche Browser, Betriebssysteme und Internetprovider sie verwenden.

Vermerke setzen
Wenn Sie direkt unter dem Diagramm auf den kleinen grauen Pfeil nach unten klicken (in der Abb. 1 unter dem Datum 20. Februar zu erkennen), können Sie Vermerke setzen und bestimmte Ereignisse oder Maßnahmen festhalten, die gegebenenfalls zu mehr Traffic auf Ihrer Website geführt haben könnten, zum Beispiel der Versand eines Newsletters oder der Start einer AdWords-Kampagne. Ein Vermerk

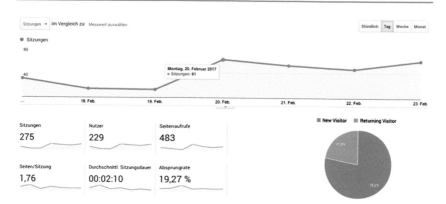

Abb. 1 Besucheranalyse mithilfe von Google Analytics. (Google und das Google-Logo sind eingetragene Marken von Google Inc., Verwendung mit Genehmigung). (Quelle: Google Analytics o. J.a)

bietet sich auch dann an, wenn Sie einen Website-Relaunch durchführen und in Analytics den Zeitpunkt der Live-Schaltung festhalten möchten. Auf diese Weise können Sie und Ihre Mitarbeiter genau nachvollziehen, ob und welche Maßnahmen zu einem veränderten Besucheraufkommen geführt haben.

Regelmäßige Analyse
Schauen Sie sich die Möglichkeiten in Google Analytics genau an und werten Sie Ihre Daten regelmäßig aus. Sie erhalten so viele wichtige Hinweise für Ihr Online-Marketing und können schnell reagieren, wenn Sie feststellen, dass etwas in die falsche Richtung läuft.

Weitere Informationen
Wenn Sie tiefer in die Welt und Möglichkeiten von Google Analytics eintauchen möchten, dann werfen Sie einen Blick in die Google-eigenen Anleitungen: http://bastiansens.de/outanalytics.

Tipp 54: Setzen Sie Google Analytics rechtskonform ein

Google Analytics ist eine feine Sache, um den Besuchern Ihrer Website auf die Spur zu kommen. Doch – Moment Mal! Ist das überhaupt erlaubt? Höchste Zeit, sich dieses praktische Tool für die Analyse Ihrer Websitenutzung einmal unter rechtlichen Aspekten anzuschauen. Denn: Google Analytics darf man nur unter bestimmten Voraussetzungen in Deutschland benutzen. Die Tücke liegt in dem Standard-Code, den man bekommt, um Analytics auf der eigenen Website einzusetzen.

Daten, Daten, Daten ...
Schauen wir uns kurz an, was geschieht, wenn Sie Google Analytics verwenden: Das viel genutzte Analysewerkzeug sammelt Nutzungsdaten, verarbeitet sie und bereitet sie für eine effiziente Auswertung auf. Um diese Daten zu erfassen, bietet Google Analytics ein Standard-Snippet (JavaScript Tracking Code), das Sie in den HTML-Code Ihrer Website – und zwar auf jede einzelne Seite – integrieren (lassen).

Vorsicht, Abmahnung!
Leider entspricht dieser Code aber nicht den deutschen Datenschutzbestimmungen, da hierüber die IP-Adresse der User komplett erfasst und übermittelt wird. Das ist in Deutschland aus gutem Grund nicht erlaubt. Im schlimmsten Fall können Sie dafür abgemahnt werden, und das kann richtig ins Geld gehen. Um dies zu verhindern und um Google Analytics rechtskonform einzusetzen, sollten Sie ein paar Maßnahmen treffen:

Einen schriftlichen Vertrag mit Google abschließen
Wenn Sie Google Analytics nutzen, sind Sie – jedenfalls nach Auffassung der Aufsichtsbehörden – Auftraggeber, und Google ist Ihr Auftragnehmer. Daher, so die Logik, müssen Sie mit Google einen (schriftlichen) Vertrag schließen, in dem Sie Google ganz formell damit beauftragen, Daten zu verarbeiten. Einen rechtsgültigen und mit den Datenschutzbehörden abgestimmten Vertrag finden sie unter diesem Kurzlink: http://bastiansens.de/outvertrag. Füllen Sie den Vertrag aus, unterschreiben Sie ihn und senden ihn in zweifacher Ausführung mit rückfrankiertem Umschlag an Google. Ein Exemplar erhalten Sie postalisch zurück.

IP-Adressen anonymisieren
Die Protokollierung privater IP-Adressen ist in Deutschland verboten. Um dies zu verhindern, hält Google eine Erweiterung des eingangs beschriebenen Analytics-Codes bereit, mit der die letzten 8 Bit der IP-Adressen entfernt werden. Erweitern Sie daher den auf Ihrer Website eingebundenen Analytics-Code um folgende Zeile: **ga('set', 'anonymizeIp', true);**

Code abschreiben ...

Der komplette Code, den Sie mit Ihrer UA-ID einbinden oder einbinden lassen, lautet:

```
<script>
(function(i,s,o,g,r,a,m){i['GoogleAnalyticsObject']=r;i[r]=i
[r]||function(){
(i[r].q=i[r].q||[]).push(arguments)},i[r].l=1*new
Date();a=s.createElement(o),
m=s.getElementsByTagName(o)[0];a.async=1;a.src=g;
m.parentNode.insertBefore(a,m)
})(window,document,'script','//www.google-analytics.com/
analytics.js','ga');
ga('create', 'UA-XXXXXXXX-X', 'auto');
ga('set', 'anonymizeIp', true);
ga('send', 'pageview');
</script>
```

... oder den Tag Manager benutzen

Noch leichter können Sie die Anonymisierung umsetzen, wenn Sie, wie in Tipp 66 beschrieben, den Google Tag Manager verwenden (siehe Abb. 2). Voraussetzung ist natürlich, dass Sie Google Analytics bereits auf Ihren Seiten eingebunden haben:

- Wählen Sie beim Tag „Universal Analytics" „Feld hinzufügen"
- Geben Sie bei „Festzulegende Felder" unter „Feldname" ein: „anonymizeIP"
- Geben Sie unter „Wert" den Begriff „True" ein.

▶ **Übrigens** Den angegebenen Code finden Sie in Google Analytics unter: „Verwaltung/Tracking Informationen".

Verweisen Sie in Ihrer Datenschutzerklärung auf Google Analytics

In Ihrer Datenschutzerklärung müssen Sie User darauf aufmerksam machen, dass Sie Google Analytics verwenden und dass dadurch Daten übertragen und gespeichert werden. Erstellen Sie für Ihre Datenschutzerklärung eine eigene Unterseite. Oft findet sich die Datenschutzerklärung auf der Seite „Impressum". Aber das ist eigentlich eine Seite, auf der Ihre Besucher konkrete Angaben zu Ihrem Unternehmen finden wollen. Die Datenschutzerklärung macht diese Seite unnötig lang. Damit Ihre Website-Besucher die Datenschutzseite jederzeit ohne Hindernisse

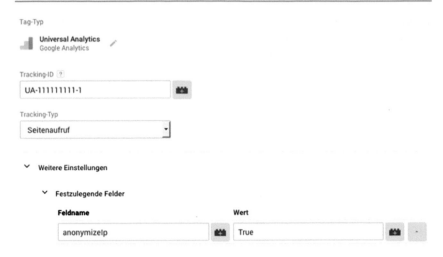

Abb. 2 Google Analytics nach deutschem Datenschutz. (Google und das Google-Logo sind eingetragene Marken von Google Inc., Verwendung mit Genehmigung). (Quelle: Google Analytics o. J.b)

aufrufen können, sollten Sie sie zusätzlich im Fußbereich (Footer) Ihrer Website verlinken. Eine rechtskonforme Datenschutzerklärung für Ihren Webauftritt können Sie auf der Website von e-recht24.de generieren: http://bastiansens.de/outdaten.

Tipp 55: Implementieren Sie Ihre Website-Ziele in Google Analytics

In Tipp 46 haben Sie erfahren, warum es wichtig ist, Website-Ziele zu formulieren. Um diese zu messen, müssen sie auch in Google Analytics definiert werden. Nur so können Sie kontrollieren, ob und inwieweit Sie Ihre Ziele erreicht und welche Maßnahmen sich als erfolgreich erwiesen haben.

Zielvorhaben einbinden
Um Ziele in Google Analytics einzubinden, gehen Sie wie folgt vor:

- Rufen Sie unter https://analytics.google.com Ihr Konto auf.
- Klicken Sie in der Navigationsleiste auf „Verwaltung".
- Wählen Sie unter „Datenansicht" den Punkt „Zielvorhaben" aus.
- Klicken Sie „Neues Zielvorhaben" an.

Ein Beispiel: Sie möchten als Ziel für Ihre Website definieren, dass pro Monat zehn Kontaktanfragen über das Kontaktformular bei Ihnen eingehen. Führen Sie folgende Schritte durch (bestätigen Sie jeweils durch „Weiter"):

- Wählen Sie bei „Einrichtung des Zielvorhabens" den Punkt „benutzerdefiniert".
- Geben Sie dem Zielvorhaben einen Namen.
- Wählen Sie bei „Typ": „Ziel".
- Unter „Zielvorhabendetails/Ziel" wählen Sie „ist gleich" und geben dahinter die URL der Danke-Seite an (zum Beispiel danke.html). Die URL sehen Sie, sobald Sie für Testzwecke das Kontaktformular absenden; für das Zielvorhaben ist eine neue URL zwingend erforderlich.
- Sie können der Conversion (hier: Kontaktherstellung) zusätzlich einen Wert zuweisen, dessen Höhe sich nach Ihrer eigenen Einschätzung richtet (Was ist Ihnen dieses Ziel wert bzw. welchen Wert hat die Conversion für Ihr Unternehmen?). So können Sie die Rentabilität Ihrer Google-AdWords-Klicks besser beurteilen.
- Am Ende speichern Sie Ihr Zielvorhaben.

Ergebnisse anzeigen

Ob und in welchem Maße Sie Ihr Ziel (und alle anderen definierten Zielvorhaben) erreicht haben, können Sie in der Berichte-Ansicht unter „Akquisition – Alle Zugriffe – Quelle/Medium" sehen. In der Spalte „Conversions" sollte jetzt die Anzahl der Kontaktanfragen je Quelle angezeigt werden.

▶ **Extra-Tipp für Shops** Um Ihre Bestellinformationen in Analytics zu übertragen, muss im Bestellprozess der Trackingcode von Analytics erweitert werden. Wie das funktioniert, erklärt Ihnen Google ausführlich auf der Seite http://bastiansens.de/outanalyticshelp.

Tipp 56: Prüfen Sie, ob Branchenbucheinträge für Sie rentabel sind

Ein Eintrag in die Gelben Seiten – für Unternehmen war das früher ein Muss. Denn wer Produkte oder Dienstleistungen suchte, der nahm sich das dicke gelbe Buch und schaute die Einträge durch. Dann kam der Siegeszug des Webs, und mit ihm kamen zahlreiche weitere Möglichkeiten, sein Unternehmen auch online in Branchenverzeichnisse einzutragen.

Gelbe Seiten und spezielle Branchenverzeichnisse für Sie
Die Gelben Seiten sind heute auch online das wichtigste Firmenverzeichnis. Aber kennen Sie die speziellen Verzeichnisse Ihrer Branche? Wenn nicht, sollten Sie eine kleine Recherche durchführen: Einfach Ihre Branche mit dem Zusatz „Branchenbuch" oder „Branchenverzeichnis" in die Suchmaschine eingeben, und schon erhalten Sie eine ganze Reihe von Möglichkeiten, Ihr Unternehmen – kostenlos oder gegen Bezahlung – zu präsentieren.

Neben den Gelben Seiten (in denen kostenlose Einträge übrigens nur noch probeweise möglich sind), können Sie in Verzeichnissen, die zu Ihrem Angebot passen, gute Backlinks schaffen. Für Ihr allgemeines Online-Marketing haben Sie eine weitere Möglichkeit, Ihre Bekanntheit zu erhöhen. Und gerade wenn Sie ein lokales Geschäft betreiben, werden Sie dank Online-Branchenbüchern gut gefunden.

Lohnen sich bezahlte Einträge?
Bezahlte Einträge müssen sich lohnen. Wenigstens ein paar Klicks auf Ihrer Website sollte die Investition bringen. Trauen Sie jedoch nicht den geschönten Statistiken der Branchenverzeichnisse, sondern prüfen Sie selbst, ob die Einträge tatsächlich rentabel sind. Wie? Ganz einfach: mal wieder mit Google Analytics. Besucher, Conversions, Umsatz, ROI – Schauen Sie genau hin und entscheiden Sie dann, ob Sie sich hier weiter engagieren oder das Geld lieber für andere Online-Marketing-Maßnahmen verwenden.

Ein Blick in Google Analytics:

- Gehen Sie in Ihrem Analytics-Konto auf „Akquisition – Alle Zugriffe – Verweise".
- Stellen Sie rechts oben den gewünschten Zeitraum ein – zum Beispiel das letzte Jahr.
- Suchen Sie unten das gewünschte Portal heraus, welches Sie untersuchen möchten.
- In der Spalte „Nutzer" sehen Sie die Anzahl der eindeutigen User.
- Falls Sie Ziele in Analytics angelegt haben (siehe Tipp 55), sehen Sie, aus wie vielen Besuchern Conversions entstanden sind.

Individuelle Kosten-Nutzen-Analyse
Diese Erkenntnisse können Sie nun Ihren Kosten gegenüberstellen und damit die Frage, ob sich der Branchenbucheintrag für Sie lohnt, ganz einfach beantworten. Natürlich ist es immer von Ihren Zielen abhängig, wie Sie das einschätzen, denn wenn ein einziger Kunde 100.000 EUR Umsatz bringt, dann hat sich so ein

Eintrag natürlich gelohnt. Auch das Argument, dass Kunden Sie im Branchenbuch finden und kontaktieren, ohne auf Ihre Website zu navigieren, darf nicht unberücksichtigt bleiben. Hier können Sie mit einer individuellen Telefonnummer oder einer eigenen E-Mail-Adresse arbeiten, um herauszufinden, wer auf diese Weise zu Ihnen kommt. Sie kennen Ihr Geschäft selbst am besten und können es auch am zuverlässigsten beurteilen. Die Daten aus Google Analytics helfen Ihnen dabei.

► **Extra-Tipp: Vorsicht vor schwarzen Schafen!** Immer wieder bekommen wir unaufgefordert Nachrichten per E-Mail oder Fax, in denen wir aufgefordert werden, unseren Eintrag in einem Branchenverzeichnis zu prüfen und zu bestätigen. Ganz unten im Kleingedruckten steht dann, dass es sich um ein kostenpflichtiges Angebot handelt, das man mit seiner Unterschrift bestätigt. Prüfen Sie genau, was da ins Haus flattert, meist sind es unlautere Methoden, mit denen da gearbeitet wird.

Tipp 57: Identifizieren Sie Keywords, die Ihnen nichts bringen

Google AdWords – eine feine Sache: Sie können sehr viel damit erreichen, Ihren Umsatz steigern, Ihre Bekanntheit erhöhen und/oder Ihr Image verbessern. Aber Sie können damit auch viel Geld einfach in Luft auflösen. Analysieren Sie daher die Wirksamkeit Ihrer AdWords-Kampagnen und trennen Sie sich von teuren Keywords, die Ihnen nichts bringen.

Voraussetzung für die Analyse
Ihre AdWords-Kampagnen analysieren Sie mit Google Analytics. Voraussetzung ist, dass Sie bereits Ihre Ziele in Google Analytics eingesetzt haben (siehe Tipp 55) und dass Ihr AdWords-Konto mit Ihrem Analytics-Konto verbunden ist. Sollte diese Verknüpfung noch nicht bestehen, gehen Sie in Analytics auf „Verwaltung/AdWords-Verknüpfung", und wählen Sie darin Ihren AdWords-Account aus. Wichtig: AdWords und Analytics müssen mit der gleichen E-Mail-Adresse zugänglich sein. Falls Sie zwei verschiedene E-Mail-Konten dafür nutzen, müssen Sie dies zunächst ändern.

Conversions und Absprungraten
Anhand Ihrer definierten Ziele können Sie sehen, wie viel Umsatz bzw. wie viele Kontaktanfragen Sie über Ihre Website generieren. Navigieren Sie in Google

Analytics auf „Akquisition/AdWords/Keywords". Wenn Sie mehrere Ziele definiert haben, können Sie diese auf der rechten Seite der Spaltenüberschriften neben „Conversions" einstellen. Hier sehen Sie auch die Absprungrate, die angibt, wie viele Besucher auf Ihre AdWords-Anzeige geklickt und Ihre Website danach direkt wieder verlassen haben.

Die AdWords-Kampagne optimieren
Durchschnittlich werden ein bis drei Prozent der Besucher zu „Conversions", das heißt, sie erfüllen ein bestimmtes Ziel, nehmen zum Beispiel Kontakt über Ihr Kontaktformular auf oder lösen eine Bestellung aus. 40 bis 60 % springen direkt wieder von Ihrer Website ab. Sollten diese Zahlen bei Ihnen erheblich abweichen, ist es an der Zeit, Ihre AdWords-Kampagnen zu optimieren:

- Ändern Sie die Keywordoption in AdWords: Falls bisher „weitgehend passend" eingestellt war, stellen Sie die Option spezifischer, zum Beispiel auf „Wortgruppe" oder „Exact Match" (zu den Keyword-Einstellmöglichkeiten siehe auch http://bastiansens.de/outadwords).
- Optimieren Sie Ihren Anzeigentext. Möglicherweise wecken Sie darin eine falsche Erwartung, zum Beispiel „niedrige Preise". Wenn dann aber Ihre Wettbewerber deutlich unter diesen Preisen liegen, sind Ihre Besucher schnell wieder weg. Falls das auch keine besseren Konversionsraten oder geringere Absprungraten mit sich bringt, sollten Sie dieses Keyword entfernen.

Optimieren Sie auch Ihre Website
Denken Sie bei allen Optimierungen in AdWords auch immer daran, Ihre Website zu optimieren. Die Nutzer müssen das, was in der Anzeige versprochen wird, auch auf Ihrer Seite finden. Gute Landing Pages sind dabei das A und O (siehe Tipp 32).

Tipp 58: Finden Sie potenzielle Kunden in Google Analytics

Dieser Tipp ist zwar nur für den B2B-Bereich interessant – dafür aber umso spannender. Ich verrate Ihnen nämlich, wie Sie den Unternehmensnamen und teilweise sogar den Ansprechpartner Ihrer anonymen Website-Besucher identifizieren und in reale Umsätze umwandeln können. Keine Angst, das ist nicht illegal, sondern schlichtweg eine richtig gute Möglichkeit, um aus Interessenten Kunden zu machen.

IP-Adresse

Wie das funktioniert? Ganz einfach: Viele Firmen haben eine feste IP-Adresse. Diese benötigt man, um zum Beispiel von außerhalb leichter auf den Firmenserver zugreifen zu können. Wenn nun ein Mitarbeiter eines Unternehmens auf Ihre Website navigiert, wird dieser mit der Firmen-IP-Adresse (IP = Internet Protocol) und dem Namen in Google Analytics angezeigt. Und diese Information ist einiges wert!

So funktioniert die Kundensuche

In Google Analytics sehen Sie unter „Zielgruppe/Technologie/Netzwerk" zunächst die Provider, zum Beispiel Deutsche Telekom AG, Vodafone GmbH etc. Das alles sind Besucher, die keine feste IP-Adresse haben. Diese sind für Sie gänzlich uninteressant.

Spannend wird es für Ihr Unternehmen bei den Einträgen mit einigen wenigen Zugriffen in den letzten 30 Tagen. Für mich sind vor allem weniger als 15 Zugriffe interessant. Diese Zahl ist natürlich kein fester Richtwert, aber ein potenzieller Interessent wird meistens nicht mehr als 15-mal auf Ihre Website navigieren. Oft sind es sogar nur ein paar wenige Zugriffe, die Potenzial haben, zum Beispiel deutsche Zugriffe von GmbHs. Das sind potenzielle Kunden, die auf Ihre Website navigiert sind.

Nehmen Sie Kontakt auf

Falls Ihnen ein in Google Analytics aufgeführtes Unternehmen unbekannt ist, sollten Sie es kontaktieren. Suchen Sie es im Web und finden Sie den richtigen Ansprechpartner heraus (unter Kontakt, Team oder im Impressum). Wenn das nicht funktioniert, versuchen Sie, den passenden Ansprechpartner für Ihre Akquise im Business-Netzwerk XING zu identifizieren (falls Sie einen Premium-Account haben): Geben Sie das Unternehmen und die Position (zum Beispiel Leiter Personal) in die erweiterte Suche ein und finden Sie so heraus, wen Sie kontaktieren können.

Wie Sie bei der Kontaktaufnahme vorgehen wollen, das wissen Sie selbst am besten. Hier dennoch zwei Vorschläge, wie Sie vorgehen können:

- Sie senden dem Interessenten unter Bezugnahme auf den Website-Besuch eine Informationsbroschüre mit individuellem Anschreiben zu. Anschließend können Sie oder Ihre Vertriebsmitarbeiter telefonisch nachhaken und tiefer ins Gespräch einsteigen.
- Sie oder Ihre Vertriebsmitarbeiter rufen den passenden Ansprechpartner direkt an, nehmen Bezug auf den Website-Besuch und fragen, ob Sie ihm noch weiterhelfen oder offen gebliebene Fragen beantworten können.

▶ **Extra-Tipp Nr. 1** Wenn Sie zusätzlich wissen möchten, welche Unterseiten der Interessent besucht hat, klicken Sie auf die Firma in Google Analytics. Gehen Sie anschließend auf „Sekundäre Dimension/Verhalten/Seite". Einer meiner Kunden konnte dadurch herausfinden, dass eine Firma sich für eine ganz spezielle Maschine interessierte. Er nahm Kontakt auf und konnte 120.000 EUR Umsatz generieren.

▶ **Extra-Tipp Nr. 2** Falls Sie solche Informationen schneller generieren möchten, empfehle ich Ihnen kostenpflichtige Tools wie https://www.wiredminds.de/home/. Diese verknüpfen die Firmennamen direkt mit einem Adresspool und können Ihnen die Kontaktdaten der Unternehmen ausgeben, die Ihre Website besucht haben. Regelmäßig erhalten Sie Reports, aus denen Sie Ihre Vertriebskontakte filtern und Ihren Mitarbeitern für eine zielgerichtete und effiziente Kundenakquise zur Verfügung stellen können.

Tipp 59: Lassen Sie sich nicht von den Absprungraten in Google Analytics täuschen

Ach Du Schreck! 100 % Absprungrate. Was ist da los? Warum kommen Besucher auf meine Website und sind direkt wieder weg? Muss ich etwas ändern?

Wenn Sie beim Blick auf Ihre Google-Analytics-Berichte solche Gedanken auch schon einmal hatten, dann kann ich Sie beruhigen. Denn ein genauerer Blick auf die Absprungraten verrät, dass diese im Einzelnen ganz anders sind, als der erste Eindruck glauben machen will.

„Nur mal gucken"

Interessenten finden Sie auf Google, surfen zu Ihrer Website – vielleicht durch eine Anzeige in Google AdWords – und entscheiden in Sekundenschnelle, ob es ihnen dort gefällt und ob sie finden, was sie suchen. Gegebenenfalls bleiben sie kurz da und verlassen die Seite dann wieder. Im realen Leben wäre das so, als würden Sie in einen Laden gehen, sich kurz umschauen (und auch mal ein T-Shirt in die Hand nehmen) und wieder rausgehen. Wenn das alles innerhalb von 30 s passiert (und dabei keine weitere Unterseite angeklickt wird), wertet Google dies als „Absprung".

Aufmerksamkeit erregen

Bliebe man nun bei dem Bild, gäbe es daneben auch solche „Kunden", die eigentlich gar nicht in Ihren Laden kommen wollten, trotzdem reingehen, sich aber auf dem Absatz wieder umdrehen und gehen. Absprungrate: 100 %. Bei **null** Sekunden Aufenthaltsdauer. Das gibt es im echten Leben nicht – und im Web eigentlich auch nicht. Denn das sind keine echten Besucher, sondern oft Spam-Seiten, die nach Aufmerksamkeit verlangen.

Absprungraten analysieren
Ärgerlich wird das Ganze, wenn Sie dabei Geld verlieren. Nämlich dadurch, dass die Klicks durch Ihre Google-AdWords-Anzeigen zustande kommen. Daher lohnt es sich, die einzelnen Quellen und ihre dazugehörigen Absprungraten genauer zu betrachten:

- Gehen Sie in Ihrem Google-Analytics-Konto in der Navigationsleiste auf „Verhalten/Websitecontent/Alle Seiten".
- Klicken Sie auf eine Seite mit mindestens zehn Nutzern und einer Absprungrate, die höher ist als 60 % (sehen Sie sich anfangs die höchsten Absprungraten an).
- Klicken Sie auf „Sekundäre Dimension" (in der Mitte), und wählen Sie „Akquisition/Quelle/Medium".

In der Übersicht über die Absprungraten werden die Quellen aufgeschlüsselt. Meist sind es Spam-Zugriffe oder weniger wichtige Seiten, die die Absprungraten in die Höhe schnellen lassen. Spammer suchen sich willkürlich Websites aus, die sie verlinken. Ihr Ziel: Sie wollen, dass Sie auf die jeweilige Seite aufmerksam werden. Und es ist sehr wahrscheinlich, dass man diese Website ansteuert, um zu sehen, wer zu Besuch war. Damit erreichen die Spam-Seiten genau das, was sie wollen: Sie erzeugen realen Traffic und können diese Reichweite unter Umständen monetarisieren.

Für Sie bedeuten die Spam-Quellen aber zunächst eines: Die realen Absprungraten sind gar nicht so hoch, wie es anfangs den Anschein machte. Um also die tatsächlichen Absprungraten zu ermitteln und Ihre Maßnahmen hinsichtlich SEO, AdWords, Facebook & Co. zu optimieren, ignorieren Sie die Spam-Zugriffe.

Spam-Zugriffe erkennen
Spam-Zugriffe sind relativ leicht zu durchschauen. Es gibt drei Fragen, an denen Sie sich orientieren können:

- **Kommt Ihnen der Domainname „irgendwie seltsam" vor?** Schauen Sie sich den Domainnamen genauer an: Wirkt er Vertrauen erweckend? „law-two.

xyz" (siehe Abb. 3) wirkt nicht gerade seriös. Das ist bereits ein guter Indikator, aber es reicht leider nicht aus, denn Spam-Zugriffe können sich auch hinter seriös klingenden Domains verstecken.

- **Wie lange war der Besucher da?** Betrachten Sie die durchschnittliche Besuchszeit: In Abb. 3 sehen Sie in der vierten Spalte zweimal eine Besuchszeit von 00:00:00. Da stimmt etwas nicht. Der Besucher kann gar nicht auf der Seite gewesen sein. Auch hier ein deutlicher Indikator für einen Spam-Zugriff.
- **Wie hoch ist die Absprungrate?** 100 % Absprungrate neben einer Besuchszeit von null Sekunden – das spricht für Spam. Genau genommen impliziert ein Besuch mit einer Dauer von null Sekunden bereits eine hundertprozentige Absprungrate. Denn wer nur so tut, als würde er Ihre Website besuchen, der „verlässt" sie natürlich auch innerhalb von 30 s. Achten Sie bei der Analyse also besonders auf die Kombination „00:00:00" + „100,00 %."

Spam-Zugriffe vermeiden

Spam-Zugriffe sind ganz normal. Weder wurde Ihre Website gehackt, noch besteht irgendeine Gefahr. Es geht den Spammern nur um eigenen Traffic. Dennoch sind solche Zugriffe für Sie lästig, sie verfälschen Ihre Statistik und Auswertung. Daher sollten Sie versuchen, diese Zugriffe weitestgehend zu reduzieren. Eine Möglichkeit, dies zu tun, besteht in der Änderung Ihrer Property.

Quelle/Medium	Seitenaufrufe	Einzelne Seitenaufrufe	Durchschn. Besuchszeit auf Seite	Einstiege	Absprungrate
	2.603 % des Gesamtwerts: 20,79 % (12.521)	1.881 % des Gesamtwerts: 18,38 % (10.235)	00:01:15 Durchn. für Datenansicht: 00:02:08 (-41,42 %)	1.793 % des Gesamtwerts: 30,74 % (5.833)	37,10 % Durchn. für Datenansicht: 41,71 % (-11,04 %)
law-two.xyz / referral	30 (1,15 %)	30 (1,59 %)	00:00:00	30 (1,67 %)	100,00 %
slow-website.xyz / referral	30 (1,15 %)	30 (1,59 %)	00:00:00	30 (1,67 %)	100,00 %
(direct) / (none)	1.408 (54,09 %)	934 (49,65 %)	00:01:05	897 (50,03 %)	43,99 %
m.facebook.com / referral	37 (1,42 %)	30 (1,59 %)	00:01:45	28 (1,56 %)	28,57 %
google / organic	994 (38,19 %)	793 (42,16 %)	00:01:15	745 (41,55 %)	26,14 %

Abb. 3 Absprungraten in Google Analytics. (Google und das Google-Logo sind eingetragene Marken von Google Inc., Verwendung mit Genehmigung). (Quelle: Google Analytics o. J.b)

Property ändern

Die meisten Zugriffe erfolgen per Zufall: Der Spammer gibt eine beliebige Property-ID an, zum Beispiel UA-69535417-2, und verlinkt damit auf eine zufällige Website, vielleicht Ihre. Eine Property ist beispielsweise eine Website, der von Google Analytics eine feste Tracking-Nummer zugewiesen wurde. Üblicherweise steuern Spam-Seiten Propertys mit den Endziffern −1 bis −3 an. Sie sollten daher eine Property mit einer höheren Endziffer anstreben, zum Beispiel −9. Dafür müssen Sie mehrere Properties anlegen, in diesem Fall neun.

Rufen Sie in Google Analytics die „Verwaltung" auf, und wählen Sie in dem Drop-down-Menü unter „Property" den Punkt „Neue Property erstellen". Diese Maßnahme wird Sie nicht komplett vor solchen Zugriffen schützen, verringert aber die Wahrscheinlichkeit. Eine ausführliche Beschreibung bietet Google Analytics. Über diesen Link gelangen Sie zur entsprechenden Seite: http://bastiansens.de/outproperty.

Und was ist nun eine „gute" Absprungrate?

Bei den wichtigen Quellen wie Google AdWords sollte die Absprungrate unbedingt unter 60 % liegen. Je niedriger, desto besser. Da Google für SEO vermehrt auf die Besuchersignale setzt, sollte der Wert für „google/organic" weniger als 40 % betragen. Der Wert ist natürlich auch immer abhängig vom Keyword, doch in den meisten Fällen sind Absprungraten von 30 % und weniger durchaus machbar.

Tipp 60: Nutzen Sie das Chrome-Add-on „Page Analytics (by Google)"

Immer wieder ermuntere ich Sie dazu, Zusatzprogramme für Browser, sogenannte Add-ons zu nutzen, denn sie sind ganz schön nützlich. Mit dem für den Google-Browser Chrome verfügbaren Add-on „Page Analytics (by Google)" können Sie das Verhalten Ihrer Website-Besucher direkt sehen. Einzige Voraussetzung: Sie nutzen Google Analytics. Während Sie in dem hilfreichen Analyse-Tool alle Daten zu Ihrer Website übersichtlich und gut strukturiert erhalten, hilft Ihnen die sogenannte In-Page-Analyse mit dem Add-on, die Daten grafisch aufzubereiten: Sie zeigt Ihnen Ihre Website und die dazugehörigen Klickraten und beantwortet die Frage, welche Navigationselemente wie häufig in einem bestimmten Zeitraum (standardmäßig in den letzten 30 Tagen) angeklickt wurden (vgl. Abb. 4). Daraus können Sie zum Beispiel schließen, welche Elemente Sie entfernen können. Um das Add-on zu installieren, nutzen Sie den Chrome-Webstore: http://bastiansens.de/outchrome.

Abb. 4 Monitoring mit dem Chrome-Add-on Page Analytics by Google. (Google und das Google-Logo sind eingetragene Marken von Google Inc., Verwendung mit Genehmigung). (Quelle: Sensational Marketing e. K. o. J.)

Das Add-on im Einsatz

Nachdem Sie sich mit Ihren Google-Analytics-Zugangsdaten in dem Add-on angemeldet haben, können Sie Ihre Website im Browser ganz normal aufrufen. Wenn das Add-on aktiviert ist, sehen Sie bereits Zusatzinfos in den kleinen Kästchen unten: die Klickraten. Sie können oben in der Liste verschiedene Filter setzen, zum Beispiel bei „Segmente" nur den organischen Traffic auswählen und so die verschiedenen Quellen separiert analysieren. Oder Sie lassen sich den Anteil der Sitzungen anzeigen, die zu einer Conversion geführt haben. Auch den Zeitraum der Analyse können Sie selbst bestimmen.

▶ **Extra-Tipp** Damit jeder Link auf Ihrer Website einzeln betrachtet wird und nicht die Links in der oberen Navigationsleiste und dem Footer zusammengezählt werden, müssen Sie eine kleine Anpassung bei den Analytics-Einstellungen vornehmen: Gehen Sie in Ihrem Google-Analytics-Konto auf „Verwaltung – Property-Einstellungen" und aktivieren Sie „Erweiterte Linkattribution verwenden".

Tipp 61: Installieren Sie das Deaktivierungs-Add-on von Google Analytics

Eigene Website-Zugriffe verfälschen die Statistik in Google Analytics. Daher sollten Sie diese ausschließen. Mit dem Deaktivierungs-Add-on geht das schnell und einfach. Suchen Sie für Ihren Browser in den Add-ons nach „Deaktivierungs-Add-on von Google Analytics" und installieren Sie es (siehe Abb. 5). Nach der

Abb. 5 Eigene Zugriffe ausblenden mithilfe eines Add-ons. (Google und das Google-Logo sind eingetragene Marken von Google Inc., Verwendung mit Genehmigung). (Quelle: Google o. J.)

Aktivierung des Add-ons werden Ihre eigenen Zugriffe auf Ihrer Website nicht mehr protokolliert und Sie haben so eine bessere und realistische Datengrundlage für Ihre Analysen.

▶ **Extra-Tipp für größere Unternehmen** Falls Sie mehr als zehn Mitarbeiter beschäftigen, ist die Installation des Add-ons sicherlich zu aufwendig. Alternativ können Sie auch in Google Analytics in der Verwaltung unter „Datenansicht – Filter" einen neuen Filter für Ihre IP-Adresse anlegen. Voraussetzung dafür ist natürlich, dass Sie eine feste IP-Adresse haben. Bevor Sie diesen Filter anlegen, erstellen Sie unbedingt dafür eine Datenansicht in Analytics, um die Originaldaten beizubehalten. Klicken Sie dafür in der Verwaltung unter Datenansicht auf „Alle Websitedaten" – „Neue Datenansicht erstellen".

Tipp 62: Analysieren Sie Ihre Website – mit der Google Search Console

Die Google Search Console (ehemals „Webmaster Tools"; siehe Abb. 6) ist eine wichtige Ergänzung Ihrer Website-Analyse-Tools und eine Art Kommunikationsschnittstelle zwischen Webmaster und Google. Sie dient in erster Linie der Analyse Ihrer Website hinsichtlich Einstellungen und Optimierungen. Um Ihre Funktionen voll ausschöpfen zu können, müssen Sie Ihre Seite anmelden und verifizieren. Sie benötigen dazu ein Google-Konto. Während Sie in Analytics unter anderem sehen können, woher Ihre Website-Besucher kommen, was sie anklicken und wie lange sie bleiben, zeigt die Search Console im Wesentlichen die – eher technische – Sicht des Crawlers auf Ihre Website.

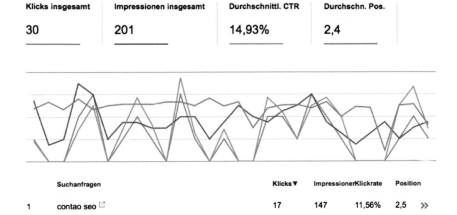

Klicks insgesamt	Impressionen insgesamt	Durchschnittl. CTR	Durchschn. Pos.
30	201	14,93%	2,4

	Suchanfragen	Klicks ▼	Impressionen	Klickrate	Position	
1	contao seo ⌁	17	147	11,56%	2,5	»

Abb. 6 Monitoring mit der Search Console. (Google und das Google-Logo sind eingetragene Marken von Google Inc., Verwendung mit Genehmigung). (Quelle: Google Search Console o. J.)

Die Search Console nutzen

Sie finden die Search Console unter https://www.google.com/webmasters/tools/home. Fügen Sie zunächst Ihre Website hinzu: „Property hinzufügen" und URL eingeben. Achten Sie dabei unbedingt auf die richtige Version: http oder https! Zuletzt müssen Sie die Property bestätigen, wozu Ihnen verschiedene Möglichkeiten zur Verfügung stehen. Wenn Sie den Google Tag Manager (siehe Tipp 66) bereits installiert haben, ist die Bestätigung am schnellsten erledigt.

Keywords prüfen

Während man früher seine Keywords über den natürlichen (SEO-)Bereich leicht in Google Analytics prüfen konnte, braucht man heute die Search Console, da diese Informationen in Analytics nicht mehr angezeigt werden. Unter „Position" sehen Sie auf einen Blick, welches Keyword Ihre Website auf welcher Position in der Google-Suche rankt. Gleichzeitig können Sie mit „Impressionen" prüfen, wie oft dieses Suchergebnis angezeigt wurde (unabhängig davon, ob der Nutzer bis dahin gescrollt hat). Unter „Klicks" schließlich sehen Sie, wie oft es tatsächlich angeklickt wurde. Setzt man die Impressionen und die Klicks ins Verhältnis, erhält man die Klickrate, und die ist umso besser, je höher der Wert ist. Allerdings hängt die Klickrate stark von Ihrer Position bei Google ab: Bei einer Google-Position eins sollte die Klickrate mindestens 30 % erreichen, bei Position drei ca. sieben

Prozent, während auf den unteren Top-Ten-Plätzen eine Klickrate von drei bis fünf Prozent wünschenswert ist.

Weitere Funktionen

Die Search Console bietet aber weit mehr als nur die Prüfung von Keywords. So können Sie zum Beispiel interne und externe Verlinkungen oder Hinweise zur Nutzerfreundlichkeit im mobilen Design sehen (apropos: Wie wichtig mobiles Design ist, erkläre ich Ihnen in Tipp 29). Außerdem finden Sie unter „Nachrichten" wichtige Mitteilungen von Google bezüglich Ihrer Website, etwa zu Sicherheitsfehlern, Spam, Software-Updates oder Problemen beim Crawling.

Crawling-Fehler aufdecken

„Error 404: Not found" – Jeder, der im Web unterwegs ist, hat diesen Fehler schon so manches Mal auf Websites gesehen. Er kommt zustande, wenn Inhalte unter einem bestimmten Dateipfad nicht gefunden werden. Da Websites dynamisch sind (bzw. sein sollten) kann das immer mal wieder passieren. In Tipp 2 haben Sie erfahren, dass und wie man solche Seiten individuell gestalten kann. Viel besser ist es aber natürlich, wenn Sie Fehlerseiten ganz vermeiden, indem Sie den Pfad zu einer Datei stets korrekt angeben.

Ob und wo sich solche Fehler eingeschlichen haben, zeigt Ihnen die Search Console unter „Crawling/Crawling-Fehler". Falls dort fehlerhafte Seiten angezeigt werden, können Sie diese anklicken und im Reiter „Verlinkt über" diejenigen Seiten sehen, von denen aus die nicht existente Unterseite verlinkt ist. Korrigieren oder entfernen Sie die Links auf Ihrer eigenen Website. Kommen die fehlerhaften Links von externen Seiten, schreiben Sie dem Betreiber, dass der Link geändert werden muss.

Kommunikation mit Google

Die Kommunikation mit Google ist natürlich nicht auf Nachrichten von Google an Sie beschränkt, sondern es geht auch andersherum. Nicht umsonst hieß die Search Console in der Vergangenheit „Webmasters Tools". So können Sie zum Beispiel „strukturierte Daten" (unter „Darstellung in der Suche/Strukturierte Daten") kennzeichnen und Google damit Hinweise geben, um welche Art von Elementen es sich bei den gecrawlten Inhalten handelt (zum Beispiel Bilder, Videos, Kontaktdaten, Termine etc.). Mithilfe dieser Hinweise kann Google Ihr Suchergebnis erweitern und wichtige (Hintergrund-)Informationen dominanter darstellen (die Betonung liegt auf „kann", denn die Entscheidung darüber liegt bei Google, aber ohne Kennzeichnung wird eine solche Darstellung gar nicht erst in Betracht gezogen). Zusätzlich können Sie Google unter „Internationale

Ausrichtung" auch mitteilen, für welches Land und für welche Sprache Ihre Website optimiert ist.

Wenn Sie viel Besuch bekommen
Die Suchanalyse (unter „Suchanfragen" links im Menü der Search Console) ist auf 1000 Keywords beschränkt. Wenn Sie über Ihre SEO viele Web-Besucher haben, erhalten Sie daher unter Umständen nicht alle Daten von Google. Legen Sie in diesem Fall eine weitere Property in der Search Console an, zum Beispiel Ihren Blog oder ein anderes Verzeichnis.

▶   **Extra-Tipp: Internationale Websites** Bei internationalen Websites können Sie für die unterschiedlichen Sprachversionen jeweils eine eigene Property anlegen. Das ist insbesondere dann sinnvoll, wenn Sie eine .com-Domain besitzen und die Sprachen durch .com/de und .com/en erreichbar sind. Richten Sie in diesem Fall die zusätzlich die Länderausrichtung ein – und zwar für jede Property (unter „Suchanfragen/Internationale Ausrichtung/Land").

▶   **Extra-Tipp 2:** Da die Search Console so umfangreich ist, biete ich Ihnen unter http://bastiansens.de/outsearch ein separates E-Book allein zu diesem Thema an. Dadurch sind die Inhalte stets aktuell und Sie erhalten tiefer gehendes Wissen, um die Search Console optimal für Ihr Unternehmen einsetzen zu können.

Literatur

Google. (o. J.). Browser-Add-on zur Deaktivierung von Google Analytics. https://tools.google.com/dlpage/gaoptout?hl=de. Zugegriffen: 12. Apr. 2017.
Google Analytics. (o. J.a). Google Analytics. https://analytics.google.com/analytics/web/#report. Zugegriffen: 12. Apr. 2017.
Google Analytics. (o. J.b). Google Analytics. https://analytics.google.com/analytics/web. Zugegriffen: 12. Apr. 2017.
Google Search Console. (o. J.). Google Search Console. https://www.google.com/webmasters/tools/. Zugegriffen: 12. Apr. 2017.
Sensational Marketing e. K. (o. J.). Home. https://sensational.marketing/. Zugegriffen: 03. März 2017.

Verwenden Sie diese nützlichen Tools

Tipp 63: Nutzen Sie Google Alerts

Wenn Sie wissen wollen, was online zu einem bestimmen Thema oder Stichwort, zu Ihrem Unternehmen oder denen Ihrer Wettbewerber, zu einem bestimmten Produkt oder ganz einfach über Sie selbst veröffentlicht wird, können Sie regelmäßig in Google suchen. Oder sich die Arbeit erleichtern und das kostenlose Tool „Google Alerts" suchen lassen (vgl. Abb. 1).

Einsatzgebiete
Suche Sie nach

- Ihrem **Namen,** Ihrem **Unternehmen,** Ihrem **Wettbewerber** (Sie erhalten eine Nachricht, wenn darüber geschrieben wurde bzw. diese auf sonstigen Seiten genannt wurden)
- einem bestimmten **Keyword** (Sie erhalten eine Nachricht, wenn eine neue Webseite bzw. eine Neuigkeit zu diesem Keyword erscheint)
- dem Suchbegriff **„Gastartikel"** und Ihrem **Keyword** dahinter, zum Beispiel „Gastartikel Stadtmobiliar" (falls jemand einen Gastartikel zu Ihrem Thema geschrieben hat, erhalten Sie eine Nachricht darüber und Sie wissen, dass Sie auf der entsprechenden Website ebenfalls einen Gastartikel einreichen können)

So funktioniert's
Google ist eine Universalsuchmaschine, die kontinuierlich versucht, alle Dokumente, Daten, Bilder etc. im gesamten Web zu sammeln, in ihren Index aufzunehmen und auffindbar zu machen. Jedes Mal, wenn eine neue Seite bzw. ein neuer Inhalt von Google entdeckt wird, für den Sie einen Suchauftrag in Google Alerts

© Springer Fachmedien Wiesbaden GmbH 2017
B. Sens, *Schluss mit 08/15-Websites – so bringen Sie Ihr Online-Marketing auf Erfolgskurs,* DOI 10.1007/978-3-658-16496-6_5

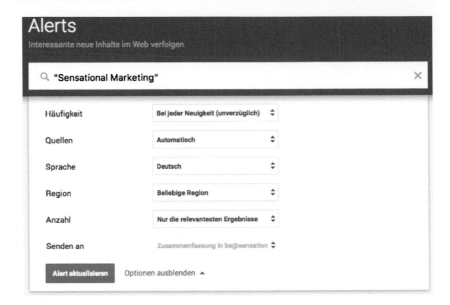

Abb. 1 Bleiben Sie auf dem Laufenden mit Google Alerts. (Google und das Google-Logo sind eingetragene Marken von Google Inc., Verwendung mit Genehmigung). (Quelle: Google Alerts o. J.)

eingestellt haben, erhalten Sie eine Benachrichtigung per E-Mail an die von Ihnen angegebene Adresse. Die Häufigkeit dieser Benachrichtigungen können Sie selbst bestimmen: einmal pro Tag, einmal pro Woche oder bei Veröffentlichung. Weiterhin können Sie entscheiden, ob Sie nur über die relevantesten oder über sämtliche zur Suchanfrage passenden Ergebnisse („alle Ergebnisse") informiert werden möchten und ob die Ergebnisse aus einer beliebigen Region oder nur aus Deutschland kommen sollen.

Verwenden Sie Suchoperatoren
Im Feld „Suchanfrage" können Sie, wie übrigens auch in der normalen Google-Suche, Ihre Suchbegriffe genauer spezifizieren, indem Sie verschiedene Operatoren verwenden.

Zum besseren Verständnis hier ein Beispiel: Sie interessieren sich für die neuesten Ergebnisse aus der medizinischen Forschung und möchten sich per Google Alerts über bestimmte Inhalte informieren lassen.

- Setzen Sie Anführungszeichen – zum Beispiel **„Medizin Forschung",** und erhalten Sie ausschließlich Ergebnisse, in denen die beiden Begriffe gemeinsam und in dieser Reihenfolge aufgeführt sind.
- Legen Sie ausschließende Begriffe fest – zum Beispiel **Medizin -Genforschung,** und Sie erhalten Ergebnisse, die „Medizin" enthalten, aber nicht „Genforschung".
- Schränken Sie Ihre Suche auf bestimmte Seiten ein – zum Beispiel **Medizin site:**medinfo.de, und Sie erhalten nur Treffer, die auf der Website www.medinfo.de zu finden sind (ebenso möglich für ausschließende Seiten).

Es gibt viele weitere nützliche Suchoperatoren, mit denen nicht nur Ihre Alert-Aufträge, sondern auch Ihre allgemeine Google-Suche effizienter wird. Weitere Informationen finden Sie hier: http://bastiansens.de/outsuche.

Klug wählen und sinnvoll eingrenzen
Sie können theoretisch bis zu 1000 parallele Google Alerts pro E-Mail-Adresse einrichten. Wählen Sie klug und grenzen Sie Ihre Einstellungen gut ein – dann sind die Ergebnisse für Ihre Arbeit von hohem Nutzen. Passen Sie aber auf, dass Ihr E-Mail-Postfach nicht von Meldungen überschwemmt wird und Ihnen jeglicher Überblick verloren geht.

Tipp 64: Überwachen Sie Ihre Website und die Ihrer Wettbewerber

Bei der Betreuung unserer Agentur-Kunden beschäftigen wir uns hauptsächlich mit deren Website. Was kann man verbessern? Wo kann man zusätzliche Informationen bereitstellen? Funktioniert noch alles?

Ungewollte Veränderungen schnell entdecken
Bei einem unserer Kunden fiel durch Monitoring-Maßnahmen auf, dass seine Website gehackt wurde. Jemand hatte eine Unterseite erstellt und warb dort mit Viagra-Produkten. Dem Kunden selbst war das allerdings gar nicht aufgefallen, da er in der Regel viel zu viel zu tun hat, um sich regelmäßig mit seinem Webauftritt zu beschäftigen. Dabei können solche Eingriffe in Ihre Website schwerwiegende Konsequenzen haben. Traffic- und Ranking-Verluste, Umsatzeinbußen, Imageverlust … Unser Kunde nutzt jetzt ein Monitoring-Tool.

Veränderungen bei Wettbewerbern überwachen
Monitoring-Tools überwachen Ihre Website und informieren Sie über jegliche (vor allem ungewollte) Veränderungen. Aber nicht nur das: Sie können damit auch die Websites Ihrer Wettbewerber überwachen und sehen, was es Neues gibt, oder Rückschlüsse auf deren Online-Marketing-Maßnahmen ziehen. Sobald sich also auf Ihrer oder der Seite eines Konkurrenten (oder auf jeder anderen Seite, die Sie überwachen wollen) etwas tut, können Sie sich benachrichtigen lassen, und zwar je nach Anbieter per Tonsignal, E-Mail, SMS etc.

Beobachten und absichern
Nutzen Sie die Tools für die Beobachtung Ihres Marktes und für die Sicherheit Ihres eigenen Online-Auftritts:

- Eigene Website beobachten, insbesondere auf ungewollte Veränderungen, Hacking und Spam sowie Änderungen durch Mitarbeiter
- Beobachtung von Angeboten, Preisen, Verfügbarkeiten, Lieferzeiten oder Bewertungen bei Wettbewerbern
- Monitoring von User-Generated Content auf externen Websites (zum Beispiel Fragen und Antworten)
- Änderungen von statischen Seiten nachverfolgen (zum Beispiel AGBs, Wikipedia)

Verschiedene Tools
Es gibt zahlreiche kostenlose und kostenpflichtige Monitoring-Tools. Im Kern möchte ich Ihnen die folgenden zwei Tools ans Herz legen:

- https://distill.io/
- https://versionista.com/

Tipp 65: Überwachen Sie Ihren Server

Stellen Sie sich vor, Ihr Onlineshop ist plötzlich nicht mehr aufrufbar oder Ihre Website braucht ewig, um geladen zu werden. Vielleicht ein technischer Defekt oder zu viele Besucher, die den Server lahmgelegt haben. Vielleicht merken Sie es erst nach ein paar Stunden oder gar Tagen. Viele wichtige Umsätze könnten Ihnen in dieser Zeit verloren gehen und Kunden zur Konkurrenz abwandern.

Einbußen ab der ersten Sekunde

Aber wie soll man immer wissen, ob online alles reibungslos läuft? Rufen Sie im Minutentakt Ihre Website auf, um zu überprüfen, ob sie noch funktioniert oder wie lange die Ladezeit ist? Natürlich nicht, was für eine absurde Vorstellung. Normalerweise verlassen wir uns darauf, dass alles in Ordnung ist. Aber was, wenn nicht? Eine Website, die „down" ist oder ewig lange Ladezeiten hat, produziert vom ersten Moment der Störung an Verluste.

Rankingfaktor Verfügbarkeit

Für Wartezeiten oder Fehlfunktionen hat der Web-User nämlich weder Geduld noch Verständnis. Und was fast noch schlimmer wiegt bzw. eng damit zusammenhängt: Ladezeit und Verfügbarkeit einer Website sind auch für das Google-Ranking und damit für Ihre Suchmaschinenoptimierung ein entscheidender Faktor. Denn die Zufriedenheit der Websurfer hat für Google höchste Priorität. Wer sie nicht liefern kann, wird „abgestraft".

Tools für Ihre Serverüberwachung

Ihre höchste Priorität sollte es daher sein, jederzeit zu wissen, ob Ihre Website verfügbar ist und ausreichend schnell lädt. Das müssen Sie zum Glück nicht durch eine ständige manuelle Prüfung machen, sondern Sie können Tools nutzen, die Ihnen diese Arbeit abnehmen. Komplett automatisch überwachen diese Ihren Server – und damit die Verfügbarkeit Ihres Online-Auftritts – und benachrichtigen Sie sofort, falls Ihr Server nicht mehr erreichbar ist. So können Sie schnell handeln und umgehend alle nötigen Maßnahmen ergreifen, um ohne lange Verzögerungen wieder präsent im Web zu sein.

Folgende Tools können Sie nutzen, um Ihren Server zu überwachen. Sie sind kostenpflichtig, aber schon für wenig Geld können Sie damit eine kontinuierliche Kontrolle sicherstellen:

- Uptrends.de
- Livewatch.de
- Pingdom.com

Tipp 66: Nutzen Sie den Google Tag Manager

IT-Abteilungen und Web-Agenturen sind chronisch überlastet – so ist jedenfalls mein Eindruck aus vielen Projekten in verschiedenen Unternehmen. Ich staune immer wieder, wie lange sich simple Aufgaben für ebenso simple Anforderungen hinziehen können. Ich weiß nicht, warum das so ist, vermutlich kommen wir alle mit der Digitalisierung nicht hinterher. Doch in diesem Tipp geht es nicht um Personalmangel in der IT und was man dagegen tun könnte, sondern darum, dass es praktische Instrumente gibt, die Ihnen und Ihren IT-Verantwortlichen die Arbeit erleichtern.

Ein Behälter für Ihre Website-Optimierung

Eines davon ist der 2012 gelaunchte Google Tag Manager, mit dem Sie Codes für eine Reihe von Anwendungen und damit für die Optimierung Ihrer Website kinderleicht selbst „einbauen" können. Tatsächlich müssen Sie dafür nur ein einziges Mal ein so genanntes „Tag" oder „Code-Snippet" in den Quellcode Ihrer Website einbinden, mit dem Informationen an Dritte (zum Beispiel Google) gesendet werden. Dieser kleine Code-Abschnitt wirkt wie ein Behälter, in den Sie – im Handumdrehen und ganz ohne Programmierer – nützliche Tools hineinpacken können. Alles Weitere (neue Tags, Einstellungen etc.) kann dann über eine einfache Benutzeroberfläche verwaltet werden. Wichtig: Sie können mit dem Tag Manager nur Codes einbauen, jedoch keine Analysen durchführen. Das machen Sie in den jeweiligen Tools selbst.

Was macht den Tag Manager aus?

Sobald etwas Neues zu Ihrer Website hinzugefügt wird, das auch gemessen werden soll, müssen Sie logischerweise auch an etwas an Ihrer Webanalyse tun. Wie sonst sollten Sie den Erfolg einer Maßnahme beurteilen können? Und damit Sie diese Daten erhalten, muss Ihre Website entsprechend vorbereitet, sprich: durch einen Code „trackbar" gemacht werden. Durch die schon erwähnte Überlastung der IT-Verantwortlichen kann es aber sehr lange dauern, bis so ein Tracking umgesetzt ist. Genau hier liegt die Stärke des Tag Managers, denn er erlaubt Ihnen das schnelle Einfügen von Codes in Ihre Seite.

Der Tag Manager Schritt für Schritt

Um den Google Tag Manager zu nutzen, benötigen Sie ein Google-Konto. In der Regel braucht man nur ein Konto, über das man mehrere Websites verwalten kann.

- Rufen Sie den Tag Manager über http://tagmanager.google.com/ auf.
- Melden Sie sich mit Ihrem Google-Konto an.
- Klicken Sie auf „Konto erstellen" und richten Sie Ihre Domain ein (für eine übliche Website klicken Sie am Ende bei Verwendungsort auf „Web").
- Sie erhalten zuletzt eine Anleitung zum Einbau des Tracking-Codes in Ihre Website.

Eine ausführliche Anleitung finden Sie unter diesem Kurzlink: http://bastiansens. de/outtag.

Tracking-Codes für Ihr Online-Marketing Folgende Tracking-Codes (und einige mehr) können Sie sofort mit dem Tag Manager einsetzen:

- **Google Analytics:** Was passiert auf Ihrer Website? (Endgeräte, Besucherherkunft, Verweildauer auf den einzelnen Seiten, Absprungraten, Conversions etc.)
- **AdWords Conversion Tracking:** Was passiert nach dem Klick eines Users auf Ihre Anzeige (zum Beispiel Kauf eines Produkts, Newsletter-Anmeldung, Anruf, Aufruf des Kontaktformulars, Download etc.)?
- **Google AdWords Remarketing:** Wie tritt man erneut mit einem User in Kontakt (relevante Anzeigen für Nutzer, die Ihre Website schon besucht haben, zum Beispiel für den Fall, dass ein User Waren in den Warenkorb gelegt, aber keinen Kauf getätigt hat)?
- **AB Tasty:** Was wirkt am besten (Testen und Personalisieren von Websites)?

▶ **Extra-Tipp** Über das Tracking hinaus können Sie auch jeden anderen Code in den Tag Manager einbinden. So habe ich beispielsweise auf unserer Agenturseite einmal einen Live-Chat an einem Wochenende ausprobiert. Ich habe mich bei http://livechatinc.com registriert, den Code für die Website erhalten und in den Tag Manager eingebunden – das hat prima funktioniert. Ich musste nicht bis Montag auf den Programmierer warten, sondern konnte den Live-Chat einfach auf unserer Website nutzen. Einfacher geht es wirklich nicht. Mehr zum Thema Live-Chat erfahren Sie in Tipp 16.

Tipp 67: Finden Sie neue Content-Ideen mit Buzzsumo

„Content is King!"

Ein paar Jahre bevor Google die Herrschaft über Wissen und Informationen in der Welt übernahm, wusste Bill Gates schon: „Content is King!" Der Microsoft-Gründer verglich in einem Essay aus dem Jahr 1996 (Silkstream 2017) Computer und Internet mit dem Siegeszug des Fernsehens, bei dem „die langfristigen Gewinner diejenigen waren, die das Medium nutzten, um Informationen und Unterhaltung bereitzustellen". Kein Unternehmen, so war Gates überzeugt, sei zu klein, um mitzumachen. Mehr als 20 Jahre später hat sich Gates Prophezeiung bewahrheitet. „Content is King" ist heute ein ungeschriebenes Gesetz des Online-Marketings. Wer nicht mitmacht, wird schlechter gefunden. Wer schlechter gefunden wird, macht auch schlechtere Geschäfte.

Ideen für neue Themen
Doch so unbegrenzt die Möglichkeiten des Jedermann-Publishings zu sein scheinen, so schwierig gestaltet es sich oft, gute Inhalte zu erstellen. Die Zeit fehlt oder man glaubt, dass sie fehlt, weil man doch erst so viele andere Dinge zu erledigen hat. In den meisten Fällen sind es aber eher fehlende Ideen, die verhindern, dass man guten Content bereitstellt. Da ist es gut, dass es auch dafür ein prima Tool gibt, mit dem Sie nicht nur Inspirationen für Themen rund um Ihr Business bekommen, sondern auch gleich erfahren, welche davon in den sozialen Medien besonders oft geteilt und somit als erfolgreich angesehen werden.

Buzzsumo
Dieses Tool finden Sie unter https://buzzsumo.com (siehe auch Abb. 2). Es funktioniert blitzschnell: einfach ein Suchwort eingeben, in den Filtern auf der linken Seite die Sprache wählen, und schon sehen Sie (in der kostenlosen Version maximal zehn) Artikel zu Ihrem Suchwort, die besonders erfolgreich sind. Gleich daneben erfahren Sie, wie oft ein Beitrag geteilt wurde. Mehr Informationen, etwa zu den dazugehörigen Backlinks oder gar den Personen, die den Artikel auf Facebook geteilt haben, gibt es erst mit der kostenpflichtigen Pro-Version.

Lassen Sie sich inspirieren
Nutzen Sie Buzzsumo in erster Linie, um neue Ideen für Inhalte zu bekommen, die im Web funktionieren, weil sie gut bei ihrer Zielgruppe ankommen. Kopieren Sie diese nicht, sondern sehen Sie sie als Inspiration für neuen, noch besseren Content.

Abb. 2 Buzzsumo als Inspirationsquelle für Ihren eigenen Content. (Quelle: BuzzSumo o. J.)

Tipp 68: Nutzen Sie die SEO-Tools OnPage.org und Sistrix – kostenlos

Es gibt ausgezeichnete SEO-Tools, die Sie für die inhaltliche und technische Suchmaschinenoptimierung kostenlos einsetzen können und sollten. Die beiden folgenden Tools, die ich für die besten halte und die es auf dem inzwischen sehr unübersichtlichen Markt für SEO-Tools gibt, nutzen wir in meiner Agentur täglich:

OnPage.org

OnPage.org – ausgezeichnet mit dem deutschen Internet Start-up Award 2013 und dem europäischen eco Start Up Award 2013 – ist einer der wichtigsten Anbieter für SEO-Tools. Wie der Name schon sagt, geht es um Optimierungen, die man „on page", also direkt auf der eigenen Seite vornehmen kann, zum Beispiel Überschriften anpassen, doppelte Inhalte (Duplicate Content) eliminieren, interne Verlinkungen optimieren etc.

Wenn sie weniger als 100 URLs auf Ihrer Website führen, können Sie das Tool kostenlos nutzen (ansonsten wird nur ein Teil Ihrer Website analysiert). Sie benötigen einen Account, um onpage.org verwenden zu können. Geben Sie Ihre URL ein, um folgende Aspekte zu untersuchen:

- Duplicate Content
- Bilder mit oder ohne ALT-Tags (Text, der eine Grafik beschreibt)
- Weiterleitungen
- Ladezeiten
- Komprimierung
- etc.

Sie erhalten eine Übersicht über die Bereiche SEO, Inhalt und Technik und den dazugehörigen Prozentsatz Ihres Fortschritts. Je nachdem, wie viele sogenannte Aspekte Ihre Aufmerksamkeit benötigen, befinden Sie sich im grünen, gelben oder roten Bereich. So behalten Sie Ihren Fortschritt im Auge und sehen, wo es Handlungsbedarf gibt. Ein Beispiel solch einer Übersicht sehen Sie in Abb. 3.

Sistrix

Das SEO-Tool Sistrix nutzen wir in der Agentur unter anderem für die Sichtbarkeits- und Backlinkanalysen. Diese Module kosten jeweils 100 EUR netto. Doch es bietet ebenfalls kostenlose nützliche Tools, wie zum Beispiel den SERP-Snippet-Generator (https://www.sistrix.de/serp-snippet-generator/). Damit können Sie Ihr Google-Suchergebnis in der Vorschau sehen und unter anderem das Meta-Tag (Seitentitel und Description) https://www.sistrix.de/kostenlose-tools/.

Abb. 3   Monitoring mithilfe von OnPage.org. (Quelle: OnPage.org GmbH o. J.a)

Tipp 69: Entdecken Sie Suchwörter-Trends in Google

Mülleimer, Abfalleimer – ist doch egal, wie man das nennt, oder? Im Prinzip schon, aber nicht für Google und schon gar nicht für die Nutzer, die in Google suchen. Nach „Mülleimer" wird viel häufiger gesucht als nach „Abfalleimer" (vgl. Abb. 4). Mich hat das überrascht, ich hätte nicht gedacht, dass der Unterschied so gravierend ist.

Keywords anpassen
Für einen unserer Agentur-Kunden, der Abfalleimer für den öffentlichen Raum vertreibt, hatten wir in Google Trends diese Analyse durchgeführt. Er hatte bis dahin stets „Abfalleimer" als Keyword genannt. Wir haben ihm stattdessen „Mülleimer" als Keyword für die Suchmaschinenoptimierung (SEO) empfohlen, was viel zielführender ist.

Google Trends für SEO und mehr
Eine effizientere SEO ist ein guter Grund, Google Trends (www.google.com/trends) einzusetzen, denn das Tool zeigt die organischen Suchanfragen an. Doch es kann noch mehr:

- Saisonale Schwankungen erkennen und als Anlass für Kampagnen nutzen, zum Beispiel „Sonnensegel" im Frühjahr/Sommer, „Plätzchenrezept" vor Weihnachten und „Diät" am Jahresanfang.
- Einfluss besonderer Ereignisse, zum Beispiel „Pfefferspray" nach dem Silvesterklat in Köln. Hier können Sie nach Silvester 2015 einen deutlichen Anstieg erkennen.
- Beliebtheit von Social-Media-Kanälen aufdecken: Geben Sie „Facebook", „MySpace", „Instagram" und „Twitter" in Google Trends ein.
- Suchtrend nach Unternehmensnamen: Schauen Sie doch mal, wer wie oft nach Ihrem Unternehmen oder nach Ihren Wettbewerbern sucht.

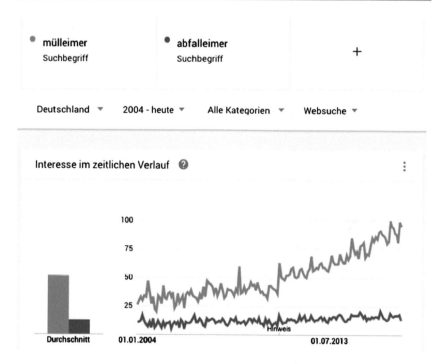

Abb. 4 Trends entdecken und verfolgen mit Google Trends. (Google und das Google-Logo sind eingetragene Marken von Google Inc., Verwendung mit Genehmigung). (Quelle: Google Trends o. J.)

Informationen aufbereiten

Dank verschiedener Einstellmöglichkeiten bei den Suchbegriffen können Sie die Informationen auch noch eingrenzen, zum Beispiel nach Land, Zeitraum oder nach der Art der Suche (allgemeine Websuche, News, Bilder etc.). Die Grafiken lassen sich sogar in Ihre Website einbinden und die Daten als CSV-Datei exportieren.

Kostenlose Informationen

Nutzen Sie Google Trends als kostenlose Informationsquelle für Ihre Keywordrecherche, für die Beobachtung des Marktes und für Trends, die für Ihr Business wichtig sein könnten. Berücksichtigen Sie die Analysen für Ihr Suchmaschinen-Marketing und Ihre SEO. Einfacher kann man kaum an wertvolle und stichhaltige

Daten zum Suchverhalten herankommen. Mehr Tipps zum Thema Keywords finden Sie in den Tipps 57 und 76.

Tipp 70: Installieren Sie diese WordPress SEO-Plug-ins

Wenn Sie einen Blog betreiben – was ich Ihnen zum wiederholten Male im Sinne Ihrer SEO und Ihres Online-Marketings wärmstens empfehle – dann nutzen Sie am besten WordPress. WordPress war ursprünglich ausschließlich für Blogs gedacht, und genau dafür benutze ich es auch – unter anderem. Denn dank seiner einfachen Handhabung hat sich WordPress auch zu einem beliebten Content-Management-System (CMS) entwickelt. Für mich ist das ebenso nachvollziehbar wie erfreulich, und so setze ich es sowohl für bastiansens.de als auch für sensational.marketing ein.

Plug-ins – sinnvolle Zusatzmodule für Ihre SEO
Doch von der ausgezeichneten Handhabung einmal abgesehen, hat WordPress für mich zwei weitere große Vorteile: Ich muss erstens nicht mehrere Systeme für Blog und CMS pflegen und Mitarbeiter schulen. Und zweitens lässt sich WordPress ganz unkompliziert erweitern. Diese Erweiterungen heißen Plug-ins, und es gibt sie in Hülle und Fülle – auch und gerade für die Suchmaschinenoptimierung (SEO). Ich habe in den letzten Jahren viele Plug-ins getestet; zwei davon – die ich für sehr wichtig halte – empfehle ich Ihnen nachstehend:

Yoast SEO
Mit diesem Plug-in können Sie die Meta-Tags, also den Seitentitel und die Meta-Beschreibung Ihrer Website, editieren (siehe Abb. 5). Wenn Sie das Fokus-Keyword definiert haben, erhalten Sie eine Übersicht der zu optimierenden SEO-Aspekte. Bedenken Sie bitte bei der Keyword-Definition, dass Sie eine Unterseite immer nur auf drei bis maximal fünf Keywords optimieren. Und diese Keywords optimieren Sie nur auf dieser Unterseite, nirgendwo sonst.

WP Rocket
Optimierungsbedarf bei der Ladezeit besteht fast immer. Daher sollten Sie Ihre WordPress-Instanz auch durch ein Plug-in beschleunigen. Dafür empfehle ich Ihnen die kostenpflichtige Erweiterung „WP Rocket". Sie können dafür zwar auch das kostenlose „W3 Total Cache" nutzen, allerdings haben Tests gezeigt, dass „WP Rocket" deutlich mehr aus Blogs rausholt. Sie können das Plug-in auf https://wp-rocket.me/de/ kaufen. Die Investition ist überschaubar und lohnt sich. Sobald Sie es in WordPress installiert haben, aktivieren Sie in den Basis-Einstellungen nacheinander Lazyload und Datei-Optimierung (Haken setzen). Nach jedem Haken

Abb. 5 Snippet-Vorschau mithilfe von Yoast SEO. (Quelle: Sensational Marketing e. K. o. J.)

speichern und prüfen Sie, ob Ihr Blog noch richtig dargestellt wird. Wenn ja, klicken Sie auf das nächste Häkchen. Wenn nicht, nehmen Sie den Haken wieder raus. Bei manchen Servern kann es nämlich vorkommen, dass bestimmte Funktionen nicht zur Verfügung stehen. Sie können dann bei Ihrem Programmierer oder Hoster nachfragen, ob diese Funktion nachträglich aktiviert werden kann.

Tipp 71: Verkleinern Sie Bilder fürs Web

Gute, möglichst professionelle Bilder auf Ihrer Website sind sehr wichtig für Ihr Online-Marketing. Allerdings sind Bilder oft die größte Herausforderung für die Ladezeit Ihrer Seite. Gerade wenn Sie viele Produkte anbieten und diese mit guten Fotos bebildern wollen, kann das zu einer echten Geduldsprobe für Ihre Website-Besucher werden. Hinzu kommt, dass die Ladezeiten von Websites für Google inzwischen ein Ranking-Faktor sind.

Kurze Ladezeiten dank kleiner Datenmengen
Daher sollten Sie große Bilddateien unbedingt vermeiden und so die Ladezeiten kurz halten. Nebenbei: Bilder mit geringem Speicherbedarf lassen sich auch besser per E-Mail verschicken oder per Social Media teilen. Die Kunst besteht aber darin, die Bilder für das Web oder den Versand so zu minimieren, dass die Qualität nicht sichtlich leidet. Hierfür steht eine Reihe von Programmen bereit, die

Sie entweder direkt online nutzen oder kostenlos auf Ihrem Rechner installieren können.

Verkleinerung ohne Qualitätsverlust
Bei der Verkleinerung werden nebeneinander liegende Pixel angeglichen. Auf diese Weise reduziert sich der benötigte Speicherplatz und mit ihm die Zeit, die die Seite braucht, um sich vollständig aufzubauen. Für das menschliche Auge ist der Unterschied kaum auszumachen.

In meiner Agentur benutzen wir das folgende Tool, um Bilder ohne großen Qualitätsverlust zu verkleinern:

Jpegmini.com
Mit diesem Online-Tool können Sie einzelne Bilder leicht und kostenlos komprimieren (vgl. Abb. 6). Laden Sie auf der Seite einfach Ihr Bild hoch, lassen Sie das Bild komprimieren, laden es herunter, und ersetzen Sie das Original auf Ihrer Website durch die komprimierte Version. In der kostenlosen Version können Sie bis zu 20 Bilder pro Tag komprimieren. Haben Sie noch mehr Bilder zu verkleinern, empfiehlt es sich, die pro Version von JPEGmini zu nutzen.

▶ **Extra-Tipp: Bilder richtig benennen** Google sucht auch in Bildern nach neuen und relevanten Inhalten. Benennen Sie Ihre Bilder daher sinnvoll, zum Beispiel gemäß Ihren Keywords. „L23507XFrti-2001.jpg" ist kein guter Bildname, „sneaker_schwarz_40.jpg" dagegen schon.

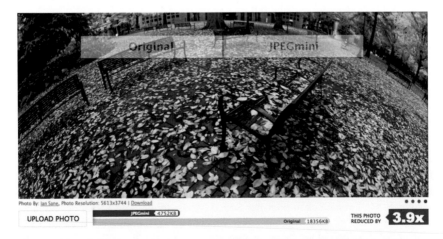

Abb. 6 Verkleinern ohne Qualitätsverlust mit JPEGmini. (Quelle: beamr Ltd. o. J.)

Tipp 72: Verkleinern Sie PDF-Dokumente fürs Web

Sicher, die Internetleitungen werden immer schneller, und mobiles Surfen im Web geht in vielen Gebieten genauso rasant wie am PC. Aber der Download von größeren Dokumenten ist manchmal immer noch zeitraubend, auch wenn es nur wenige Sekunden sind.

Für schnelle Websites und einen leichteren Versand

In Tipp 71 verrate ich Ihnen, warum und wie man Bilder verkleinern sollte. Und was für Bilder im Web gilt, das gilt auch für PDF-Dokumente: Sie sollten so klein wie möglich sein. Denn auch PDFs brauchen Speicherkapazität und können Ihre Website langsam machen. Vor allem aber ist das plattformunabhängige PDF (Portable Document Format) das am meisten verbreitete Dokumenten-Format für Downloads wie zum Beispiel Kataloge, E-Books, Anleitungen etc. Damit der User das Herunterladen nicht genervt abbricht, sollten Sie Ihre PDFs auf eine möglichst geringe Dateigröße bringen. Zusätzlich sind kleine Dateien auch für den Versand durchaus sinnvoll – nicht selten kommen große PDF-Dokumente gar nicht beim Empfänger an, weil sie zu viel Speicherplatz benötigen würden. Für Ihr E-Mail-Marketing ein echtes Problem.

PDFs kostenlos online verkleinern

Genauso wie für das Reduzieren der Dateigröße von Bildern gibt es kostenlose Online-Tools, die PDFs verkleinern. Eines davon ist „Small PDF", das Sie unter folgendem Link finden: http://smallpdf.com/de/pdf-verkleinern (siehe auch Abb. 7). Laden Sie in dem dafür vorgesehen Bereich Ihr Dokument hoch und nach der Kompression wieder herunter. Zwei Dokumente pro Stunde können Sie kostenlos komprimieren. Das Tool bietet zusätzlich die Möglichkeit, Dokumente in ein anderes Dateiformat zu konvertieren, zum Beispiel Word-, Excel- und PowerPoint-Dokumente in PDFs oder andersherum.

▶ **Extra-Tipp 1** Bedenken Sie bei der Nutzung von kostenlosen Online-Tools, dass Ihre Dokumente auf einen externen Server geladen werden und Sie keine Kontrolle darüber haben, was damit geschieht und wer diese Dokumente sehen kann. Dokumente mit vertraulichem Inhalt sollten Sie also nicht per Online-Dienst komprimieren.

▶ **Extra-Tipp 2** Benennen Sie Ihre PDF-Dokumente sinnvoll. Eine Online-Version dieses Buches hieße folgerichtig nicht „0001-buch.pdf", sondern „schluss-mit-0815-websites.pdf".

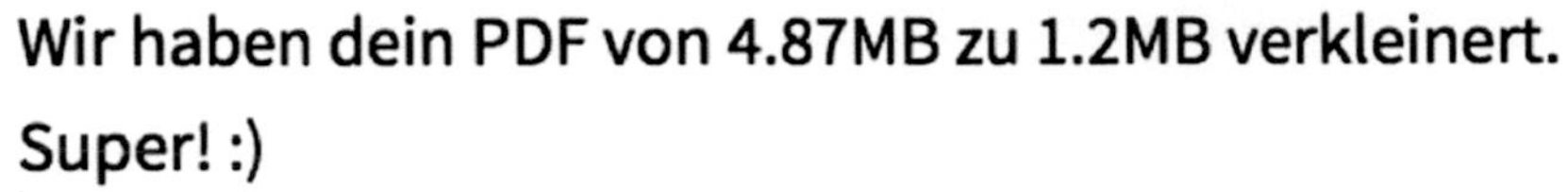

Wir haben dein PDF von 4.87MB zu 1.2MB verkleinert.

Super! :)

Abb. 7 Auch PDFs sind Speicherfresser – Smallpdf verkleinert kostenlos bis zu zwei Dokumente pro Stunde. (Quelle: Smallpdf o. J.)

Schnelle Websites sind die besten Websites

Kein User ist heute noch bereit, lange auf das Laden einer Website zu warten. Machen Sie Ihre Website in allen Belangen so rasant, dass es Spaß macht, auf ihr zu surfen. Bilder und PDFs verkleinern – das gehört unbedingt dazu. Noch mehr Vorschläge für schnellere Websites finden Sie in Tipp 36.

Tipp 73: Verwenden Sie Google-relevante Signalwörter

Gesetzt den Fall, Sie möchten im Web für das Suchwort „Aspirin" gefunden werden. Früher hätte man Ihnen empfohlen, einen Text zu schreiben, in dem möglichst oft „Aspirin" vorkommt. „Keyworddichte" war das Zauberwort der Suchmaschinenoptimierung. Heute jedoch funktioniert das nicht mehr, und im Grunde ist das auch gut so, denn alte SEO-Texte waren nicht wirklich angenehm zu lesen.

Signal für Relevanz

Heute müssten Sie einen Text produzieren, in dem Sie mindestens auf Kopfschmerzen eingehen und darüber, wie Aspirin hilft, diese loszuwerden. Denn Google setzt voraus, dass bestimmte Themen zusammenhängend in Texten behandelt werden, und speist sich dabei aus solchen Quellen, die es bereits zu bestimmten Themen gibt. Google hat also „gelernt", welche Wörter in welchem Kontext zusammenhängen und kann anhand dessen beurteilen, welche Texte tatsächlich relevant sind und welche nicht. Da diese Themen für den Suchalgorithmus ein Signal für die Relevanz eines Textes sind, heißen sie folgerichtig „Signalwörter".

Analyse mit OnPage.org

Welche Signalwörter für ein bestimmtes Keyword wichtig sind, kann man ganz bequem kostenlos recherchieren, unter anderem mit dem Online-Tool OnPage.org. Man muss sich registrieren, und es gibt auch viele nützliche Funktionen, für die man einen kostenpflichtigen Account braucht, aber die Basis-Suche ist kostenlos – jedenfalls in begrenztem Umfang. Hier können Sie Ihr Suchwort eingeben und umgehend sehen, welche Signalwörter für Ihr Keyword relevant sind. Diese Signalwörter sollten Sie dann in Ihren Text einbauen.

WDF*IDF

Die Suche nach den Signalwörtern erfolgt mittels WDF*IDF-Analyse (Within Document Frequency/Inverse Document Frequency) – einer komplizierten Formel, mit der unter Einbeziehung des semantischen Kontextes die optimale Verteilung von Termen (Wörtern) in einem Text ermittelt wird. Dabei führt man die Suche immer nur für ein Keyword durch – in unserem Beispiel also nur für Aspirin und nicht für Acetylsalicylsäure.

Das Resultat sinnvoll nutzen

Das Ergebnis Ihrer Prüfung ist sehr wichtig für Ihr weiteres Vorgehen. Sie erhalten eine Grafik, aus der hervorgeht, welche Signalwörter mit Ihrem Keyword in Verbindung stehen. Nicht alle sind schlüssig, und es kann sein, dass auch die Namen Ihrer Wettbewerber in der Liste auftauchen, da OnPage.org die Inhalte der ersten Suchergebnisse für das angegebene Keyword durchsucht. Diese Namen müssen Sie natürlich nicht in Ihre Texte aufnehmen, sondern nur die Wörter, die für Ihren Text sinnvoll sind.

Praxisbeispiel

Greifen wir das Thema Aspirin noch einmal auf: Der Onlineshop doctoronline.com möchte auf das Keyword Aspirin optimieren. Aktuell wird die Seite http://www.doctoronline.com/de/aspirin/ auf der 4. Seite in Google geführt. Doctoronline.com gibt in Onpage.org das Keyword „Aspirin" beim WDF*IDF-Tool ein, ergänzt seine URL bei „mit anderer URL vergleichen" und erhält das in Abb. 8 gezeigte Ergebnis. Für die betroffene Unterseite heißt die gestrichelte Linie konkret:

- Aspirin und Schmerzmittel wurden schon fast ausreichend oft erwähnt, vermutlich genügt jeweils eine weitere Nennung.
- Acetylsalicylsäure sollte mehrfach hinzugefügt werden.
- Bayer und Complexx wurden bisher gar nicht genannt, sollten ebenfalls mehrfach eingebracht werden.

Textoptimierung

Haben Sie alle Keywords und Signalwörter gesammelt, können Sie Ihren Text optimieren. Achten Sie aber darauf, dass Sie immer innerhalb des orangefarbenen Graphen aus der Analyse bleiben, da es ansonsten als Überoptimierung gilt und

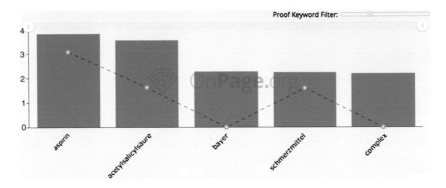

Abb. 8 Signalwörter finden mithilfe der WDF*IDF-Analyse von OnPage.org. (Quelle: OnPage.org GmbH o. J.b)

von Google abgestraft werden kann. Sie können dies prüfen, indem Sie die URL Ihrer Unterseite angeben. Die Kunst besteht darin, einen Text zu schreiben, der dem Leser einen Nutzen bringt, sich gut lesen lässt, neue, relevante Informationen bereithält und gleichzeitig auch noch suchmaschinenoptimiert ist. Sehen Sie die Signalwörter dabei nicht als „Hürde". Vielmehr können Sie sie als Anregung nutzen, um weitere gute Inhalte in Ihren Text zu bringen.

Lesen Sie hierzu auch Tipp 28 und laden Sie sich hier unsere Checkliste für die Textoptimierung herunter: http://bastiansens.de/outtext.

Tipp 74: Verwenden Sie spezielle URL-Shortener für ein besseres Tracking

Wer einmal versucht hat, einen langen Link zu twittern, weiß, wovon die Rede ist, wenn es um URL-Shortener geht. Spätestens seit dem Höhenflug von Facebook, Twitter und anderen Social-Media-Kanälen ist es gang und gäbe, lange Links zu kürzen und nur den gekürzten Weblink zu teilen. Vor allem beim Microblogging-Dienst Twitter, wo früher auch Links Teil der 140-Zeichen-Limitierung waren, hat sich das Kürzen bewährt.

Aus lang wird kurz

Unter einem URL-Shortener versteht man einen Dienst, der für beliebige URLs eine zweite Alias-URL erzeugt, die dann über eine Weiterleitung wieder zum Aufruf der entsprechenden Webseite führt. Verschiedene Online-Dienste wie bit.ly, tinyurl.com oder goo.gl bieten das „Link-Shortening" an. So wird zum Beispiel aus der langen URL https://sensational.marketing/leistungen/professionelle-such maschinenoptimierung/ die kurze Version http://bastiansens.de/outseo. Beim Klick auf diesen Kurzlink wird man zur oben genannten Seite weitergeleitet.

Individuelles Aussehen und Tracking
Wenig bekannt ist, dass man, wenn man bestimmte URL-Shortener nutzt, auch selbst bestimmen kann, wie der gekürzte Link aussieht. Vielleicht haben Sie solche Kurzlinks in diesem Buch schon das eine oder andere Mal entdeckt, spätestens aber in diesem Tipp. Ebenfalls wissen die wenigsten, dass man solche speziellen Dienste nutzen kann, um in Google Analytics zu analysieren, auf welchen geteilten Link die User klicken. Dabei sind diese Informationen richtig wertvoll.

Woher kommen die Klicks?
Angenommen, sie teilen über gekürzte Links, die Sie mit einem allgemeinen Dienst erzeugt haben, mehrere Beiträge über Social Media – etwa einen Blogartikel, den Downloadlink für Ihr E-Book und zusätzlich noch einen Link zu Ihrer Service-Seite. In Google Analytics sehen Sie unter normalen Umständen zwar die Anzahl der Zugriffe, die beispielsweise über Facebook kommen, aber welchen der verschiedenen geteilten Links die User geklickt haben, das sehen Sie nicht.

Skript einsetzen oder Plug-in nutzen
Um nun den Erfolg Ihrer Maßnahmen beurteilen zu können (und um kurze URLs mit Ihrem Domainnamen zu generieren), nutzen Sie einen Dienst, den Sie auf Ihrem Server installieren. https://yourls.org/ bietet ein Skript an, das sich für Ihre Zwecke eignet. Bitten Sie Ihren Programmierer, dieses Skript für Sie einzusetzen. Für WordPress gibt es sogar Plug-ins für Ihren eigenen URL-Shortener.

▶ **Extra-Tipp 1** Wenn Sie allgemeine Shortener-Dienste einsetzen, entscheiden Sie sich für die in diesem Tipp genannten oder andere große Anbieter. Denn bei den kleineren ist die Wahrscheinlichkeit, dass sie kurzfristig von der Bildfläche verschwinden, höher als bei den großen. Auch die Sicherheit ist bei den großen Diensten meist besser: So wurde 2009 der (kleine) Shortening-Dienst cli.gs gehackt und 2,2 Mio. URLs auf andere Seiten umgeleitet (Primbs 2005). Auf Ihr Geschäft und Ihr Image kann sich so etwas sehr negativ auswirken.

▶ **Extra-Tipp 2** Sollten Sie Kurzlinks von Shortener-Diensten wie bitly von Ihren Wettbewerbern entdecken, können Sie diese hinsichtlich ihrer Performance prüfen. Denn jeder Short-Link-Anbieter macht die Daten öffentlich. Sie können daher sehen, wie viele Klicks der Wettbewerber auf seine Links erhält.

Tipp 75: Wenn Sie es genau wissen wollen – Profi-SEO-Tools

In einigen der vorangegangenen Tipps für Ihr Online-Marketing haben Sie von zahlreichen Tools erfahren, die Sie kostenlos für Ihre Suchmaschinenoptimierung nutzen können. Diese Tools finanzieren sich in der Regel durch Werbeeinblendungen und sind für bestimmte Recherchen und Analysen ausreichend.

Für eine effiziente SEO besser kostenpflichtige Tools nutzen
Wenn Sie sich jedoch intensiver mit der SEO auseinandersetzen wollen, kommen Sie um kostenpflichtige Tools nicht herum – jedenfalls nicht, wenn Sie das Ganze einigermaßen effizient betreiben wollen. Möchten Sie zum Beispiel Ihren Backlink-Aufbau intensivieren, so werden Sie mit kostenlosen Tools kaum erfolgreich sein. Und sicherlich können Sie mit einem Gratistool wie der Chrome-Erweiterung „Fat Rank" die Ranking-Position für Ihre Seite zu einem bestimmten Keyword prüfen. Doch wenn Sie das regelmäßig für 300 Keywords machen wollen, wird das Ihr Zeitkonto erheblich strapazieren – und Kosten sparend ist es dann auch nicht mehr.

Nutzen Sie daher kostenpflichtige Tools. Drei davon stelle ich Ihnen hier vor:

Sistrix
Einer der Marktführer für SEO-Tools in Deutschland und mein absolutes Lieblingstool seit Jahren. Sistrix bietet, wie auch die anderen kostenpflichtigen SEO-Tools, eine direkte Übersicht über die wichtigsten SEO-Kennzahlen (Abb. 9):

- **Sichtbarkeitsindex:** Wie sichtbar ist die Domain im organischen Teil von Google? Sistrix prüft, für welche Keywords die Domain in den Top 100 von Google steht. Je höher die Domain steht, desto besser ist die Sichtbarkeit. Hinzu kommt noch das Suchvolumen je Keyword: Wenn peddy-shield.de für Sonnenschutz auf Position Eins in Google steht und 14.800 Surfer pro Monat nach Sonnenschutz suchen, ist die Sichtbarkeit ziemlich hoch.

⏵ Sichtbarkeitsindex ? ⚙	☰ # Keywords ? ⚙
☑ **peddy-shield.de** (Domain)	SEO 3.290 ↑
0,2296 ↗ +14,8%	Ads 0 →
Smartphone: 0,2576	Universal-Search 15 →

Abb. 9 Sichtbarkeitsindex von Peddy-Shield.de in Sistrix. (Quelle: Sistrix o. J.)

- **SEO-Keywords:** Anzahl der Keywords, für die die Domain in Google gefunden wird. Sistrix führt mehr als 17,5 Mio. Keywords in seiner Datenbank und prüft für jedes die Top-100-Suchergebnisse in Google.
- **Ads:** Anzahl der Keywords, die in Google AdWords eingebucht wurden.
- **Universal Search:** Anzahl der Keywords, bei denen die Domain in Google Bilder, News, Videos oder Google Maps anzeigt wurde.

Sistrix rechnet modulbasierend ab. Damit haben Sie die Möglichkeit, tiefer in die Bereiche SEO, AdWords, Backlinks, Universal Search und Onpage-Optimierung einzusteigen. Die Module sind monatlich kündbar.

Searchmetrics

Auf internationaler Ebene und für die Textanalyse ist Searchmetrics (searchmetrics.com) meiner Meinung nach derzeit[1] stärker als Sistrix. Das Berliner Unternehmen überwacht die SEO-Daten für über 130 Länder (http://www.searchmetrics.com/de/suite/global-seo/). Im Handling ist Searchmetrics jedoch mit Sistrix gleichzusetzen.

XOVI

Einen breiteren Ansatz verfolgt der Kölner Anbieter XOVI (xovi.de). Mit diesem Tool können Sie neben den SEO-Daten auch Affiliate- und Analytics-Daten in einem erhalten. Das Unternehmen setzt auf eine All-in-One-Lösung zu einem kostengünstigen Preis. Die Daten sind zwar nicht in der Tiefe verfügbar (wie bei Sistrix oder Searchmetrics), doch sind sie für viele Zwecke ausreichend und immer noch erheblich besser als diejenigen, die man über kostenlose Tools generieren kann.

Tipp 76: Recherchieren Sie lukrative Keywords für Ihre SEO

Huch! Wir sind bei Google auf Position eins – aber wir bekommen trotzdem keine Besucher ... Warum? Möglicherweise haben Sie das falsche Keyword für Ihre Suchmaschinenoptimierung (SEO) gewählt (Abb. 10).

---

[1]Stand März 2017.

Suchbegriffe		Durchschnittl. Suchanfragen pro Monat ?
aspirin	$\sim$	33.100
acetylsalicylsäure	$\sim$	14.800
was hilft gegen kopfschmerzen	$\sim$	5.400
kopfschmerztabletten	$\sim$	4.400
kopfschmerzen medikamente	$\sim$	260

Abb. 10 Keyword-Recherche mit dem Google Keyword Planner. (Google und das Google-Logo sind eingetragene Marken von Google Inc., Verwendung mit Genehmigung). (Quelle: Google Adwords o. J.)

Keine Keywords „nach Gefühl"
Gerade am Anfang suchen Unternehmen die Keywords für ihre SEO oft nach ihrem „Bauchgefühl" aus. Verständlich, denn wenn man sich mit einer Geschäftsidee befasst, hat man viele persönliche Assoziationen mit seinem Angebot. Fraglich ist allerdings, ob das auch die Schlüsselbegriffe sind, mit denen potenzielle Kunden nach dem Angebot suchen.

Keyword-Recherche nach Fakten
Die weitaus bessere Methode besteht in einer Auswahl nach Fakten. Prüfen Sie, nach welchen Keywords Ihre Zielgruppe in Google sucht und wie oft. In einem ersten Schritt können Sie hierzu Freunde und Bekannte fragen, mit welchen Begriffen sie nach Ihren Produkten oder Dienstleistungen suchen würden. Hilfreich sind auch die Vorschläge, die Google Ihnen anbietet, wenn Sie einen Begriff in das Suchfeld eingeben (automatische Vervollständigung). Diese werden über einen Algorithmus erzeugt und enthalten unter anderem Suchanfragen von Nutzern zu bestimmten Trendthemen. Und wenn Sie schon eine Reihe von Keywords haben, die für Ihre SEO infrage kommen, dann können Sie mit Google Trends das Suchvolumen prüfen (siehe Tipp 69).

Google (AdWords) Keyword-Planer

Am verlässlichsten für die Recherche Ihrer erfolgreichen Keywords ist jedoch der Google Keyword-Planer. Leider hat der einen Haken: Sie können ihn nur nutzen, wenn Sie auch Anzeigen mit Google AdWords schalten. Und richtig gute Ergebnisse bekommen Sie auch nur dann, wenn Sie ein gewisses Anzeigenvolumen erreichen. Ein paar Anregungen und ungefähre Zahlen zur Verwendung der Keywords (100 bis 1000 Suchanfragen pro Monat) erhalten Sie zwar schon im niedrigen dreistelligen Euro-Bereich, konkrete Daten gibt es aber erst, wenn Sie AdWords in größerem Umfang verwenden.

Den Keyword-Planer nutzen Sie wie folgt:

- Öffnen Sie im Browser die URL https://adwords.google.com/KeywordPlanner #start
- Klicken Sie auf den Reiter „Mithilfe einer Wortgruppe, einer Website oder einer Kategorie nach neuen Keywords suchen" und geben Sie einige Keywords ein, von denen Sie glauben, dass Ihre Zielgruppe danach sucht.
- Stellen Sie das Zielland und die Sprache ein, dies ist etwa bei deutschen Keywords wichtig, die auch international genutzt werden, zum Beispiel: „Hotel Berlin".
- Klicken Sie auf „Ideen abrufen".

Sie sehen nun, wie viele monatliche Suchanfragen im Durchschnitt der letzten zwölf Monate für Ihre Keywords bei Google eingehen. Die Spalten „Wettbewerb" und „vorgeschlagenes Gebot" beziehen sich auf AdWords. Für Ihre SEO geben die Daten dennoch einen ersten Hinweis, wie stark das Keyword von Ihren Wettbewerbern genutzt wird. Unter Ihren eigegebenen Keywords erhalten Sie vom Keyword-Planer weitere Vorschläge, die für Sie relevant sein können.

Wählen Sie spezifische Keywords

Wenn Sie gerade erst anfangen, Suchmaschinenoptimierung für Ihre Website zu betreiben, dann wählen Sie am besten eher spezifische Keywords, zum Beispiel „Parkbank kaufen", anstatt generische Keywords, wie „Parkbank". Bei generischen Schlüsselwörtern ist der Konkurrenzgrad meist recht hoch, und es ist schwieriger, damit in absehbarer Zeit gute Positionen zu erreichen. Außerdem ist die Suchintention (allgemeine Informationssuche, konkrete Recherche, Kaufabsicht) bei generischen Keywords weniger gut einzuschätzen. Spezifische Keywords – auch „Longtail Keywords" genannt – haben in der Regel eine höhere Konversionsrate (Kontaktaufnahme, Kataloganforderung, Kauf etc.). Jede

Suchintention lässt sich einer Stufe des AIDA(L)-Modells (siehe Tipp 49) zuordnen, zum Beispiel die allgemeine Informationssuche der Stufe „Attention" oder die Kaufabsicht der Stufe „Action". Bei der Suche nach Ihren Keywords kann eine solche Zuordnung sehr hilfreich sein.

Keywords für Ihre SEO einsetzen
Nachdem Sie die passenden und voraussichtlich lukrativen Keywords identifiziert haben, können Sie mit der SEO für Ihre Website beginnen. Sie können mehrere Keywords auf derselben Seite verwenden, allerdings sollten es nicht mehr als drei pro Seite sein. Außerdem sollte jedes Keyword nur auf einer Seite optimiert werden, damit Sie sich keine interne Konkurrenz schaffen, was für die Optimierung kontraproduktiv wäre. Ihre SEO-Texte enthalten 200 bis 500 Wörter (nicht Zeichen!), und das/die Keyword/s kommen darin fünf- bis zehnmal vor. Diese „Keyworddichte", die früher fast als Zauberformel für die SEO galt, ist noch immer ein wichtiger Gradmesser für die Optimierung. Allerdings müssen heute viele weitere Kriterien erfüllt sein, wenn man einen guten SEO-Text schreiben will, so etwa die Optimierung nach WDF*IDF (siehe Tipp 73).

Fundament für Ihre SEO
Keywords „aus dem Bauch heraus" können Sie viel Geld kosten, ohne dass Sie damit auch nur einen Euro verdienen. Fragen Sie so viele Menschen wie möglich, nutzen Sie die kostenlosen Tools von Google und verwenden Sie den Keyword-Planer, wenn Sie es genauer wissen wollen. Die Suchmaschinenoptimierung ist – wenn Sie sie richtig einsetzen – ein äußerst effizientes Mittel zu mehr Erfolg in Ihrem Unternehmen. Ihr Fundament ist eine sorgfältige und faktenbasierte Keyword-Recherche.

Tipp 77: Messen Sie Ihre Telefonanrufe

Wenn ein Interessent bei Ihnen anruft, ist das immer erfreulich. Doch woher oder von wem hat er von Ihnen und Ihrem Angebot gehört? Strichlisten, wie sie in manchen Unternehmen noch heute geführt werden, sollten bei Ihnen der Vergangenheit angehören. Es gibt wesentlich bessere Wege herauszufinden, aufgrund welcher Werbemaßnahme sich Kunden telefonisch bei Ihnen melden.

Telefonanrufe: Wichtig für Ihr Online-Marketing
Auch Telefonanrufe sind Conversions, die aber gar nicht erfasst werden, weil sie für ein Online-Tracking nicht sichtbar sind. Für die ganzheitliche Bewertung

Ihrer Marketing-Maßnahmen insgesamt und Ihrer Online-Marketing-Aktivitäten im Besonderen gehört Telefon-Tracking aber unbedingt dazu. Mit verschiedenen Telefonnummern, der eigenen Telefonanlage oder mithilfe eines Tracking-Dienstleisters geht das ganz leicht.

Praxisbeispiel: Verschiedene Telefonnummern nutzen

Ein Leverkusener Immobilienmakler schaltet Werbung auf verschiedenen Kanälen: ganz klassisch in Printmedien, per Werbebanner auf dem Fußballplatz des örtlichen Verein SV Bergfried Leverkusen, im lokalen Radiosender und mithilfe von Flyern. Außerdem wirbt er online mit Anzeigen auf großen Immobilien-Plattformen, über AdWords und auf Facebook. Doch wie erfährt er, welche Werbe-Maßnahmen effektiv sind und ihm Besucher oder Kunden bringen? Bei jedem Anruf könnte er seine Gesprächspartner befragen und die Antworten auswerten. Doch das ist nicht nur mühselig, sondern auch wenig verlässlich, denn oft erinnern sich Anrufer gar nicht daran, über welchen Weg sie zu einem Unternehmen gefunden haben.

Die Lösung: Mit unterschiedlichen Telefonnummern zu jeder Werbemaßnahme lassen sich die Anrufe ganz leicht zuordnen. Für den Immobilienmakler könnte das so aussehen:

- Google-AdWords-Werbung: 0214/123-11
- Facebook-Werbung: 0214/123-22
- Radio-Werbung bei Radio Leverkusen: 0214/123-33
- Banden-Werbung beim SV Bergfried Leverkusen: 0214/123-44

Ruft jemand die 0214/123-11 an, so weiß der Immobilienmakler, dass ein Surfer auf seine AdWords-Anzeige reagiert hat. Natürlich erreicht auch der Facebook-User oder der Zuschauer vom Fußballplatz unter der jeweiligen Nummer den Immobilienmakler. Über seine Telefonanlage oder über einen Telefon-Tracking-Anbieter kann er auswerten, welche Werbung seinen Anrufer erreicht hat und damit lukrativ ist.

Tracking per Telefonanlage

Wenn Sie eine Telefonanlage oder einen Voice-over-IP-Anbieter (zum Beispiel Sipgate) nutzen, erhalten Sie Statistiken für die verschiedenen Telefonnummern. So können Sie beispielsweise auf einer AdWords Landing Page eine Telefonnummer angeben, die Sie sonst nirgendwo publiziert haben oder anderweitig nutzen. Diese Nummer können nur die Surfer kennen, die diese AdWords Landing Page aufgerufen haben. Doch damit auch dies messbar wird, müssten je nach Umfang der AdWords-Werbemaßnahmen unter Umständen tausende Telefonnummern registriert werden, denn für jedes Keyword müssten Sie eine eigene Telefonnummer aufführen. Falls Ihnen die Angabe genügt, dass der Anrufer über eine AdWords-Anzeige gekommen ist, sind Telefonanlage oder Voice-over-IP-Anbieter ausreichend.

Tracking mit einem Dienstleister
Wenn Sie Ihre AdWords-Kampagnen jedoch detaillierter analysieren möchten, müssen Sie spezielle Dienstleister in Anspruch nehmen. Ein Telefon-Tracking mithilfe eines Dienstleisters ist denkbar einfach: Auf Ihrer Website wird eine Rufnummer aufgeführt, die von Keyword zu Keyword unterschiedlich ist. Diese Telefonnummer wird von einem JavaScript-Code dynamisch erzeugt und angezeigt. Der Website-Besucher bemerkt davon nichts, er sieht nur eine normale Telefonnummer, die aber zu Ihrer allgemeinen Rufnummer weiterleitet.

Folgende zwei Anbieter bieten beispielsweise das Telefontracking an:

- https://www.matelso.de/
- Google AdWords

Matelso ist einer der Marktführer für Telefontracking in Deutschland. Dort erhalten Sie beispielsweise eine Rufnummer mit Ihrer Ortsvorwahl, die dann auf Ihre übliche Rufnummer weiterleitet. Der große Vorteil an Matelso ist, dass Sie alle Quellen analysieren können und somit wissen, ob Sie den Anrufer über AdWords oder über SEO gewonnen haben. Kam der Interessent über AdWords, dann können Sie sogar sehen, über welches Keyword.

Bei Google AdWords erhalten Sie lediglich eine 0800-Rufnummer, die anschließend zu Ihnen weiterleitet. Wie Sie dieses Tracking von Google bei sich einbinden können, erfahren Sie ausführlich auf: http://bastiansens.de/outtel.

Tipp 78: Erleichtern Sie sich die Arbeit mit diesen Social-Media-Tools

Kennen Sie Cat Content? Das sind unter anderem lustige Katzenvideos, die sich auf YouTube und anderen Social-Media-Kanälen großer Beliebtheit erfreuen. Was das mit Ihrem Unternehmen zu tun hat? Richtig – gar nichts. Produzieren Sie deswegen Content, der zu Ihrem Unternehmen passt, auch wenn die Versuchung groß ist, auf einen beliebten Trend umzusteigen. Denn Social Media kann anstrengend sein. In Tipp 52 haben Sie erfahren, dass eine Beschränkung auf wenige Portale sinnvoll ist. Dort, wo Sie Ihre Zielgruppe treffen, sollten Sie sich bewegen. Verschiedene Tools helfen Ihnen bei Ihren Social-Media-Aktivitäten. Drei davon stelle ich Ihnen in diesem Tipp vor.

Hootsuite – https://hootsuite.com

Trotz Beschränkung kann es aufwendig sein, die verschiedenen Kanäle zu bedienen und zu überwachen. Mit Hootsuite können Sie alle Ihre Social-Media-Auftritte von einem Ort aus verwalten. Das Anmelden und Hin- und Herspringen zwischen den Kanälen entfällt. Doch das ist noch längst nicht alles: Sie können sich Ideen für weitere Posts generieren lassen und in den Statistiken sehen, welcher Ihrer Posts in der letzten Zeit am erfolgreichsten war. Wenn Sie Ihre Social-Media-Auftritte gemeinsam mit anderen Redakteuren betreuen, bietet das Tool auch Team-Funktionen an. So können Sie zum Beispiel Aufgaben direkt vergeben oder Freigabeprozesse realisieren und damit den Kommunikationsaufwand deutlich reduzieren.

Canva.com – https://www.canva.com

Canva ist ein Online-Tool, mit dem Sie schnell und einfach Bilder für Ihre Social-Media-Posts erstellen können. Canva hält direkt die richtigen Formate für Facebook & Co. bereit, sodass die Darstellung immer optimal ist. Laden Sie Bilder Ihrer Website oder Ihr Logo hoch und editieren Sie sie in Canva, um zum Beispiel einen Spruch, eine Nachricht oder einen Slogan hinzuzufügen. Dieselbe Botschaft in ein Bild verpackt, ist in den sozialen Medien wesentlich erfolgreicher als reiner Text, weil sie in der Masse der Posts besser auffällt.

Veescore.com – https://tool.veescore.com/showcase/details/influencer/

Ein hilfreiches Analyse-Tool speziell für YouTube, mit dem Sie herausfinden, welche Videos zu bestimmten Themen besonders gut laufen. Wenn zu Ihrem Thema bislang wenig auf YouTube gepostet wurde, dann können Sie hier vielleicht eine Nische für Ihr Video-Marketing entdecken. Mit der „Influencer"-Funktion finden Sie YouTuber, die zu Ihrem Thema aktiv sind, und sehen, wer wie viele Videos gepostet und Interaktionen (Kommentare, Likes, Dislikes) bekommen hat. Auch die Zahl der Abonnenten wird angezeigt. Wenn Sie diese Multiplikatoren für sich gewinnen können, wird möglicherweise auch über Ihr Produkt berichtet.

Ein schönes Beispiel ist der Unternehmer Mike Fischer, Geschäftsführer der Fahrschule Fischer Academy (http://www.fischer-academy.de/), der die erfolgreiche YouTuberin Ischtar Isik („Ischtar's Life"; Abb. 11) gewinnen und so mehr als 300.000 Views für sich verbuchen konnte: http://bastiansens.de/outsome. Und Ischtar Isik hat nicht nur ein Video dazu gepostet, sondern insgesamt vier. Ein Riesenerfolg für eine kleine Fahrschule aus Gera!

Abb. 11 Fahrschule Fischer auf YouTube mit der Bloggerin Ischar Isik. (Quelle: Ischt-arsLife 2015)

Tipp 79: Automatisieren Sie Teile Ihres Online-Marketings

Warum sollten Sie Kontaktdaten manuell in Ihr Customer-Relationship-Manage-ment-System (CRM) einfügen, wenn das auch vollautomatisch geht? Warum manuell die Kontaktdaten aus Ihrem CRM in Ihr Newsletter-Tool eingeben? Warum nicht lieber Zeit und Geld sparen und bestimmte Prozesse im Online-Marketing einfach automatisieren?

Zwei starke Tools für die Automatisierung von Aufgaben
Vielleicht haben Sie einfach noch nie so genau darüber nachgedacht, aber wenn man sich die Möglichkeiten der Automatisierung erst einmal zu eigen gemacht hat, fragt man sich schon, warum man das nicht viel früher umgesetzt hat. Sie können selbst Tools programmieren (lassen) oder erst einmal die bereits vorhan-denen kostenlos nutzen, zum Beispiel Zapier und Google Analytics.

Zapier
Zapier ist eine Integrationsplattform, mit der Sie Anwendungen miteinander ver-knüpfen und Aufgaben automatisieren können. Für den privaten Bereich gibt es bereits seit Längerem den Webdienst „IFTTT" (If this then that), mit dem man eine ganze Reihe von Online-Diensten per Anweisung verbinden kann (zum Bei-spiel: Wenn eine E-Mail an mein Gmail-Konto einen Anhang hat, speichere die-sen in meiner Dropbox).

Zapier ist ganz ähnlich, allerdings mehr auf den Business-Bereich ausgerich-tet. Sehr viele Geschäftsfälle lassen sich damit schnell automatisieren. Sie legen in Zapier einfach nur Ihre „Zaps" fest – so heißt das Zusammenspiel von auslösen-dem Moment (trigger) und Aktion (action). Alles andere funktioniert von selbst.

Hier ein paar Beispiele:

- Wenn jemand das **Kontaktformular** auf meiner Website ausgefüllt hat (trigger), soll dieser Kontakt automatisch im **CRM** (zum Beispiel Salesforce, Hubspot) erstellt werden (action).
- Wenn ich einen **Blogpost** veröffentliche (trigger), soll dieser automatisch in **Twitter** gepostet werden (action) – https://zapier.com/app/editor/template/93.
- Wenn ich **Visitenkarten** mit dem Programm „FullContact" scanne (trigger), sollen diese automatisch in die Kontakte meines **Newsletter-Programms** (zum Beispiel Mailchimp, Cleverreach, Klick Tipp)integriert werden (action) – https://zapier.com/app/editor/template/703.
- Wenn **neue Kontakte** in mein CRM integriert werden (trigger), sollen diese auch zu **Mailchimp** hinzufügt werden (action) – https://zapier.com/app/editor/template/1459.
- Wenn jemand über **Paypal** bezahlt hat (trigger), soll dieser Kontakt automatisch in mein **CRM** eingepflegt werden (action) – https://zapier.com/app/editor/template/2903.
- Wenn jemand meinen **Livechat** nutzt (trigger), soll dieser Kontakt auch meinem **CRM** hinzugefügt werden (action) – https://zapier.com/app/editor/template/7983.

Wenn Ihnen jetzt direkt ein paar Aufgaben einfallen, die Sie auch in Ihren Prozessen optimieren können und für die Sie „Trigger" und „Action" schon im Kopf haben, dann sollten Sie sich näher mit dem Thema beschäftigen. Vermutlich lohnt es sich, über einen Wechsel zu den Web-Diensten nachzudenken, die in Zapier integriert sind – und das sind immerhin mehr als 500. Zum Beispiel Mailchimp oder Cleverreach für das Versenden von Newslettern, Capsule CRM und Base CRM für das Customer-Relationship-Management oder Facebook, Twitter und Instagram als Social-Media-Kanäle.

Zusätzlich können Sie über eine Schnittstelle (API) aber auch Ihre eigene Software und damit beispielsweise Ihr hauseigenes CRM an Zapier anschließen und müssen nicht einmal Ihre Software wechseln.

▶ **Extra-Tipp: Google Analytics Reports** Selbstverständlich können Sie auch mit anderen Tools Zeit sparen, indem Sie Abläufe automatisieren: Eines davon kennen Sie dank meiner Tipps jetzt genau: Google Analytics. Sie können einzelne Aufgaben automatisieren – zum Beispiel die Beschaffung von Besucherdaten. Natürlich können Sie regelmäßig in Ihr Dashboard schauen, um die aktuellen Benutzerdaten einzusehen.

Sie können aber auch Google Analytics diese Aufgabe „übertragen" und sich die Berichte per E-Mail zusenden lassen, denn das geht wesentlich schneller.

Gehen Sie dafür in Ihrem Google-Analytics-Konto in Ihrer gewünschte Ansicht oben links auf „E-Mail" und geben Sie Ihre E-Mail Adresse ein. Wählen Sie bei „Anhänge" das gewünschte Dateiformat, und stellen Sie unter „Häufigkeit" ein, wann Sie den Bericht erhalten möchten. Unter „Erweiterte Optionen" können Sie zusätzlich noch bestimmen, wie lange die Berichte insgesamt an Sie verschickt werden sollen (zum Beispiel „Sechs Monate"). Sie „sparen" hier zwar nur wenige Klicks, wie das zusätzliche Einloggen in Google Analytics, aber dank der bequemen E-Mail-Lösung können Ihre regelmäßigen Analytics-Auswertungen nicht mehr in Vergessenheit geraten. Am Ende entscheiden Sie selbst, welche Automatisierungen für Sie und Ihr Unternehmen wirklich sinnvoll sind. Mit diesem kleinen Beispiel möchte ich Ihnen zeigen, wie einfach es ist, Zeit zu gewinnen. Wenn alle Mitarbeiter in Ihrem Unternehmen solche kleinen Automatisierungen durchführen, rechnet sich das Ganze am Ende durchaus, und alle haben mehr Zeit für die produktiven Aufgaben.

Literatur

Beamr Ltd. (o. J.). Your photos on a diet. http://www.jpegmini.com/. Zugegriffen: 12. Apr. 2017.

BuzzSumo. (o. J.). Analyze what content performs best for any topic or competitor. http://buzzsumo.com/. Zugegriffen: 12. Apr. 2017.

Google Adwords. (o. J.). Keyword-planer. https://adwords.google.com/home/tools/keyword-planner/. Zugegriffen: 12. Apr. 2017.

Google Alerts (o. J.). Google Alerts. https://www.google.de/alerts. Zugegriffen: 12. Apr. 2017.

Google Trends (o. J.). Interesse im zeitlichen Verlauf. https://trends.google.de/trends/explore?date=all&q=m%C3%BClleimer,abfalleimer. Zugegriffen: 12. Apr. 2017.

IschtarsLife. (2015). ERSTES MAL AUTO FAHREN | IschtarsLife. Youtube, 20. November 2015. https://www.youtube.com/watch?v=ShWdON62KCU. Zugegriffen: 12. Apr. 2017.

OnPage.org GmbH. (o. J.a). Sensational marketing. https://my.onpage.org/sensational-marketing/zoom/. Zugegriffen: 12. Apr. 2017.

OnPage.org GmbH. (o. J.b). WDFIDF-Analyse. http://tool.onpagedoc.com/wdfidf-analyse. Zugegriffen: 12. Apr. 2017.

Primbs, Stefan. (2005). Social Media für Journalisten. Wiesbaden: Springer VS.

Sensational Marketing e. K. (o. J.). Home. https://sensational.marketing/. Zugegriffen: 3. März 2017.

Silkstream (2017). „Content is king" – Bill Gates, 1996. https://www.silkstream.net/blog/2014/07/content-is-king-bill-gates-1996.html. Zugegriffen: 18. Apr. 2017.

Sistrix (o. J.). www.peddy-shield.de. https://de.sistrix.com/toolbox/overview/host/www.peddy-shield.de. Zugegriffen: 12. Apr. 2017.

Smallpdf (o. J.). PDF verkleinern. https://smallpdf.com/de/pdf-verkleinern. Zugegriffen: 12. Apr. 2017.

Printed in the United States
By Bookmasters